leicht gemacht

In dieser Reihe erhältlich:

W0460951

Schnelle Gerichte

Einfach, lecker und ohne Stress

Parragon

Bath • New York • Singapore • Hong Kong • Cologne • Delhi
Melbourne • Amsterdam • Johannesburg • Shenzhen

Copyright © Parragon Books Ltd

Realisation: Ivy Contract
Cover-Foto: Mike Cooper
Fachberatung und Food-Styling: Lincoln Jefferson

Alle Rechte vorbehalten. Die vollständige oder auszugsweise Speicherung, Vervielfältigung oder Übertragung dieses Werkes, ob elektronisch, mechanisch, durch Fotokopie oder Aufzeichnung, ist ohne vorherige Genehmigung des Rechteinhabers urheberrechtlich untersagt.

Copyright © für die deutsche Ausgabe
Parragon Books Ltd
Chartist House
15–17 Trim Street
Bath BA1 1HA, UK
www.parragon.com

Realisation der deutschen Ausgabe: trans texas publishing, Köln
Lektorat: Gisa Roudil d'Ajoux Hillebrand, Köln
Satz: Jeanette Frieberg, Buchgestaltung | Mediendesign, Leipzig

ISBN: 978-1-4748-0320-5

Printed in China

Hinweis

Sofern die Schale von Zitrusfrüchten benötigt wird, verwenden Sie unbedingt unbehandelte Früchte. Sind Zutaten in Löffeln angegeben, ist immer ein gestrichener Löffel gemeint. Ein Teelöffel entspricht 5 ml, ein Esslöffel 15 ml.

Sofern nicht anders angegeben, wird Vollmilch (3,5 % Fett) verwendet. Es sollte stets frisch gemahlener schwarzer Pfeffer verarbeitet werden.

Bei Eiern und einzelnen Gemüsesorten, z. B. Kartoffeln, verwenden Sie mittelgroße Exemplare. Kinder, ältere Menschen, Schwangere, Kranke und Rekonvaleszenten sollten auf Gerichte mit rohen oder nur leicht gegarten Eiern verzichten.

Die angegebenen Zeiten können von den tatsächlichen leicht abweichen, da je nach verwendeter Zubereitungsmethode und vorhandenem Herdtyp Schwankungen auftreten.

Inhaltsverzeichnis

Einleitung

Einleitung

Wenn Sie keine Zeit oder Muße haben, mehrere Stunden am Tag in der Küche zu verbringen, aber trotzdem großen Wert auf frische, leckere und vollwertige Ernährung legen, dann werden Sie in diesem Buch fündig. Alle Gerichte sind in zehn Minuten auf dem Tisch. (Die Vorbereitungszeit wird dabei nicht mitgerechnet.) Da die Nahrungsmittel nur kurz gegart werden, bleiben sie knackig und behalten ihre Nährstoffe.

Fertiggerichte sind oft teuer und schmecken auf die Dauer langweilig, da sie auf den Massengeschmack ausgerichtet sind. Auch enthalten sie viele künstliche Aroma- und Konservierungsstoffe. „Fastfood" muss aber nicht ungesund sein. Wenn Sie ein schnelles Gericht aus frischem Gemüse zubereiten, ist das meist viel billiger und schmackhafter als ein Fertiggericht, und Sie wissen, was drinsteckt.

Der Schlüssel des schnellen Kochens liegt in der Verwendung hochwertiger Zutaten. Kaufen Sie immer sehr frische und qualitativ gute Lebens-

mittel, wie z. B. Eier aus Freilandhaltung, frisches Obst und Gemüse der Saison, frische Kräuter, natives Olivenöl extra usw. Ein gut bestückter Vorratsschrank und eine Auswahl an Arbeitsutensilien erleichtern das Kochen ungemein. Grundnahrungsmittel wie Reis und Nudeln sollten Sie immer vorrätig haben. Um die Gerichte variieren zu können, ist eine gute Auswahl an Würzzutaten unerlässlich. Ein guter Weinessig, Honig, Gewürze, Kräuter und Saucen wie Tabasco und Worcestersauce peppen einfache Gerichte auf und verleihen ihnen ein wunderbares Aroma. Dosenware wie Sardinen, Sardellen, Thunfisch, Tomaten, Mais und Bohnen lässt sich hervorragend lagern und fantasievoll verkochen. Sahne und Joghurt geben den Gerichten eine cremige Note und sind sowohl für süße als auch herzhafte Speisen eine geschmackliche Bereicherung. Wenn Sie jetzt noch einen Fertigteig und etwas Eiscreme im Gefrierfach lagern, sind Sie bestens vorbereitet.

Das richtige Handwerkszeug beschleunigt die Vor- und Zubereitung der Nahrungsmittel. Beschichtete Pfannen und Töpfe, gute Messer, Schneebesen, Schälmesser, Haarsieb, Holzlöffel und Teigspatel sind in einer erfolgreichen Küche unentbehrlich. Eine Küchenmaschine oder ein Mixer sind ebenfalls von Vorteil.

Die Rezepte in diesem Buch sind schnell zuzubereiten und schmecken einfach köstlich. Probieren Sie die Rezepte aus und schmecken Sie den Unterschied.

Unter 10 Minuten

Feigen mit Schinken

Unter 10 Minuten

Zutaten für 4 Personen

- 16 dünne Scheiben Parmaschinken
- 8 vollreife Feigen
- Pfeffer

So geht's

Mit einem scharfen Messer den Fettrand vom Schinken entfernen und die Scheiben auf vier Serviertellern dekorativ anrichten.

Die Feigen vom Stiel aus vierteln, dabei jedoch nicht ganz durchschneiden, sodass die Stücke noch zusammenhängen. Die Früchte wie Blüten öffnen und je zwei Feigen auf jeden Teller platzieren. Alles mit Pfeffer bestreuen und zimmerwarm servieren.

Gemüse mit Hummus

Unter 10 Minuten

Zutaten für 4 Personen

- 200 g Kichererbsen aus der Dose
- 150 g Tahini (Sesampaste)
- 2 Knoblauchzehen
- 150 ml Zitronensaft
- Salz
- 2–3 EL Wasser
- 1 EL Olivenöl
- 1 EL frisch gehackte Petersilie
- 1 Prise Cayennepfeffer
- gemischtes Gemüse, z. B. Karotten, Blumenkohl, Sellerie, blanchiert, zum Servieren

So geht's

Die Kichererbsen abspülen und abtropfen lassen. Zusammen mit Tahini, Knoblauch, Zitronensaft und Salz in den Mixer geben und unter langsamer Zugabe des Wassers zu einer glatten, cremigen Paste pürieren.

Das Hummus in eine Servierschüssel füllen und eine Mulde in die Mitte drücken. Das Olivenöl in die Mulde gießen und das Hummus mit Petersilie und Cayennepfeffer bestreuen.

Das blanchierte Gemüse in mundgerechte Stücke schneiden und auf einer großen Servierplatte anrichten. Mit dem Hummus als Dip servieren.

Erbsensuppe Gärtnerinnenart

Unter 10 Minuten

Zutaten für 4 Personen

- 600 ml Gemüsebrühe
- 450 g frische Erbsen
- 1 Prise Zucker
- Salz und Pfeffer
- 125 g Sahne

Zum Servieren

- 4 EL Sahne
- 4 knusprige Brötchen

So geht's

Die Brühe in einem großen Topf aufkochen. Die Erbsen zufügen und 5 Minuten garen.

Den Topf vom Herd nehmen und die Suppe mit Zucker, Salz und Pfeffer würzen. In eine Küchenmaschine oder einen Mixer geben und glatt pürieren.

Zurück in den Topf geben, die Sahne unterrühren und noch einmal kurz erhitzen.

Nach Belieben nachwürzen und auf vier Suppenschalen verteilen. Je 1 Esslöffel Sahne daraufgeben, zu einer Spirale ziehen und die Suppe mit knusprigen Brötchen servieren.

Insalata tricolore

Unter 10 Minuten

Zutaten für 4 Personen

- 250g Mozzarella, in dünne Scheiben geschnitten
- 8 Eiertomaten, in dünne Scheiben geschnitten
- 20 frische Basilikumblätter
- 100ml natives Olivenöl extra
- Salz und Pfeffer

So geht's

Käse- und Tomatenscheiben dekorativ auf vier Serviertellern anrichten. Mit Salz würzen und 30 Minuten im Kühlschrank ziehen lassen.

Die Basilikumblätter darauf verteilen und mit dem Olivenöl beträufeln. Mit Pfeffer würzen und sofort servieren.

Pikantes Rührei

Unter 10 Minuten

Zutaten für 2 Personen

- 4 Eier
- 150 g Sahne
- Salz und Pfeffer
- einige Safranfäden
- 25 g Butter
- ½ TL gemahlener Kreuzkümmel
- ½–1 TL Harissa (nordafrikanische Gewürzpaste)
- 1 TL gemahlener Koriander
- 2 Scheiben geröstetes Toastbrot, nach Belieben mit Butter bestrichen, zum Servieren

So geht's

Eier, Sahne, Salz, Pfeffer und Safran in eine Schüssel geben und mit dem Schneebesen schaumig rühren.

Die Butter in einer Pfanne zerlassen, Kreuzkümmel, Harissa und Koriander zufügen und 1 Minute anbraten.

Die Eimischung in die Pfanne gießen und unter Rühren einige Minuten braten, bis die Eimasse gerade stockt. Das Rührei auf den Toastscheiben anrichten und servieren.

Schinken-Käse-Croissant

Unter 10 Minuten

Zutaten für 1 Person

- 1 Croissant
- 2 dünne Scheiben gekochter Schinken, halbiert
- Senf (nach Belieben)
- 2 Scheiben fester Schnittkäse, z. B. Gouda, Gruyère oder Emmentaler
- 1 Ei, hart gekocht und in Scheiben geschnitten (nach Belieben)

So geht's

Den Backofengrill vorheizen. Das Croissant aufschneiden und mit den Schnittflächen nach oben auf den Rost legen.

Jede Hälfte mit Schinken belegen und nach Belieben mit Senf bestreichen. Den Käse darauflegen und aufpassen, dass er genau auf die Croissanthälften passt. 2 Minuten grillen, bis der Käse zu schmelzen beginnt. Aus dem Backofengrill nehmen und auf einen Teller legen.

Nach Belieben die Eischeiben überlappend auf der unteren Croissanthälfte verteilen. Eventuell hinuntergelaufenen Käse mit einem Messer aufnehmen und wieder auf das Croissant streichen. Die obere Hälfte auflegen und sofort servieren.

Gekühlte Avocadosuppe

Unter 10 Minuten

Zutaten für 6 Personen

- 4 reife Avocados
- 1 Knoblauchzehe
- 1,2 l Gemüsebrühe
- 4 EL Limettensaft
- 1 Prise Cayennepfeffer
- Salz und Pfeffer
- 2 EL Schnittlauchröllchen, zum Garnieren
- Baguette, zum Servieren

So geht's

Avocados, Knoblauch, Brühe, Limettensaft und Cayennepfeffer in der Küchenmaschine oder dem Mixer glatt pürieren.

Mit Salz und Pfeffer abschmecken und bis zum Servieren kalt stellen. Auf Teller verteilen, mit Schnittlauch garnieren und mit Baguette servieren.

Käsenudeln mit Minze

Unter 10 Minuten

Zutaten für 4 Personen

- 300 g frische, kurze Nudeln
- Salz und Pfeffer
- 150 g Ricotta
- 1–2 eingelegte Knoblauchzehen
- 150 g Crème double
- 1 EL frisch gehackte Minze, plus 4 Zweige zum Garnieren

So geht's

Die Nudeln in einem Topf mit kochendem Salzwasser 3 Minuten kochen oder nach Packungsanleitung zubereiten.

Ricotta, Knoblauch, Crème double und gehackte Minze in einer Schüssel glatt rühren.

Die Nudeln abgießen und sofort zurück in den Topf geben. Die Käsemischung darübergießen und mehrmals rasch schwenken, bis die Nudeln damit überzogen sind.

Mit Pfeffer würzen, mit Minzezweigen garnieren und sofort servieren.

Warmer Ziegenkäsesalat

Unter 10 Minuten

Zutaten für 4 Personen

- 1 kleiner Eisbergsalat, in mundgerechte Stücke zerzupft
- 1 Handvoll Rucolablätter
- einige Radicchioblätter, in mundgerechte Stücke zerzupft
- 6 Scheiben Baguette
- 150 g Ziegenkäse, in Scheiben geschnitten

Dressing

- 4 EL natives Olivenöl extra
- 1 EL Weißweinessig
- Salz und Pfeffer

So geht's

Den Backofengrill vorheizen. Die verschiedenen Salatsorten auf vier Salatschüsseln verteilen.

Die Baguettescheiben auf ein Backblech legen, in den Ofen schieben und von einer Seite rösten. Aus dem Ofen nehmen, die Scheiben wenden und auf die ungerösteten Seiten jeweils eine Scheibe Ziegenkäse legen. Erneut in den Ofen schieben und so lange rösten, bis der Käse zu schmelzen beginnt.

Für das Dressing alle Zutaten in eine Schüssel geben und gut verrühren. Auf die vier Salatportionen verteilen und gut vermengen.

Die gerösteten Baguettescheiben halbieren und je drei Hälften auf jeden Salat legen. Sofort servieren.

Forelle-Birnen-Salat

Unter 10 Minuten

Zutaten für 4 Personen

- 50 g Brunnenkresse
- 1 kleiner Radicchio, zerzupft
- 4 geräucherte Forellenfilets, gehäutet
- 2 vollreife Birnen
- 2 EL Zitronensaft
- 2 EL natives Olivenöl extra
- Salz und Pfeffer
- 3 EL saure Sahne
- 2 TL Sahnemeerrettich
- gebutterte Weizenmischbrotscheiben, zum Servieren

So geht's

Brunnenkresse und Radicchio in eine große Schüssel geben. Die Forellenfilets in dünne Streifen schneiden und ebenfalls in die Schüssel geben. Die Birnen halbieren, längs in dünne Scheiben schneiden und in einer weiteren Schüssel gut mit der Hälfte des Zitronensafts vermengen. Zum Salat geben.

Für das Dressing den restlichen Zitronensaft in einer kleinen Schüssel mit Öl, Salz und Pfeffer verquirlen. Über den Salat gießen, gut vermengen und in einer Servierschüssel anrichten.

Saure Sahne und Sahnemeerrettich in einer kleinen Schüssel glatt rühren. Den Salat mit der Meerrettichcreme und gebutterten Brotscheiben servieren.

Birnen-Roquefort-Brote

Unter 10 Minuten

Zutaten für 2–4 Personen

- 4 Scheiben Walnussbrot oder Roggenbrot, 1 cm dick
- 4 dünne Scheiben Parma- oder Serranoschinken
- 2 reife Tafelbirnen, geschält und längs in dünne Spalten geschnitten
- 100 g Roquefort, in sehr dünne Scheiben geschnitten

So geht's

Den Backofengrill vorheizen. Das Brot auf den Rost legen und von beiden Seiten rösten, bis es knusprig, aber nicht zu braun ist. Herausnehmen.

Den Schinken auf den Broten verteilen, dann gleichmäßig mit den Birnenspalten belegen. Den Käse obenauf platzieren.

Die Brote auf ein Backblech legen und in den Ofen geben. So lange grillen, bis der Käse zerläuft und Blasen wirft. Auf Teller verteilen und sofort servieren.

Schnelle Fischpäckchen

Unter 10 Minuten

Zutaten für 4 Personen

- 4 feste weiße Fischfilets (à 150 g), z. B. Seeteufel
- 4 EL Zitronensaft
- 4 EL Cidre oder Weißwein
- 4 EL frisch gehackte Petersilie
- 4 frische Thymianzweige
- 4 frische Rosmarinzweige
- 4 Tomaten, in dünne Scheiben geschnitten

So geht's

Aus Backpapier vier große Quadrate (30 cm x 30 cm) ausschneiden und auf jedes Quadrat je ein Fischfilet legen.

Zitronensaft, Cidre, Petersilie, Thymian- und Rosmarinzweige auf die Fischfilets verteilen.

Die Fischfilets mit den Tomatenscheiben belegen. Die Backpapierseiten hochklappen und zusammenfalten, sodass die Füllung vollständig umschlossen ist und kleine Päckchen entstehen. Diese kreisförmig in einer Auflaufform anordnen und dabei einen Abstand von 2,5 cm zwischen den einzelnen Päckchen lassen. Etwa 7 Minuten auf höchster Stufe in der Mikrowelle garen, bis der Fisch gar ist. Die Päckchen auf vier Teller legen, auseinanderfalten und servieren.

Tagliatelle mit Zitrone

Unter 10 Minuten

Zutaten für 2–4 Personen

- 350 g frische Tagliatelle
- 80 g Butter
- fein abgeriebene Schale und Saft von 1 Zitrone
- 2 EL frisch gehackter Thymian
- Salz und Pfeffer

So geht's

Die Nudeln in einem Topf mit kochendem Salzwasser etwa 4 Minuten oder nach Packungsanleitung garen, bis sie al dente sind.

Die Nudeln abgießen und 3 Esslöffel Kochsud im Topf zurückbehalten. Butter, Zitronenschale und -saft, Thymian, Salz und Pfeffer in den Sud einrühren. Die Nudeln zurück in den Topf geben und vorsichtig mit der Sauce vermengen. Auf Teller verteilen und sofort servieren.

Thunfischsteaks mit Pfeffer

Unter 10 Minuten

Zutaten für 4 Personen

- 4 frische Thunfischsteaks (à 150 g)
- 4 TL Sonnenblumen- oder Olivenöl
- 1 TL Salz
- 2 EL bunte Pfefferkörner, grob zerstoßen

Zum Servieren

- 4 Ofenkartoffeln (nach Belieben)
- 2 EL Butter (nach Belieben)
- frische Rucolablätter
- Zitronenspalten

So geht's

Die Thunfischsteaks mit Öl bestreichen und mit Salz bestreuen.

Pfefferkörner auf die Steaks streuen und fest andrücken.

Eine Grillpfanne erhitzen und die Fischsteaks hineingeben. Bei mittlerer Temperatur von jeder Seite etwa 2–3 Minuten braten. Dazu nach Belieben Ofenkartoffeln mit Butter reichen. Mit Rucolablättern und Zitronenspalten servieren.

Bananen-Erdbeer-Creme

Unter 10 Minuten

Zutaten für 4–6 Personen

- 4 große Bananen
- 450 g Erdbeeren, plus einige mehr zum Garnieren
- 300 g Sahne, geschlagen
- Zucker (nach Belieben)
- Gebäckröllchen, zum Servieren

So geht's

Die Bananen mit den Erdbeeren in eine Küchenmaschine geben. Das Obst pürieren und in eine große Schüssel füllen.

Die geschlagene Sahne vorsichtig unter das Obstpüree heben. Nach Belieben mit etwas Zucker süßen.

Bis zum Servieren in den Kühlschrank stellen. Die Creme auf Dessertschalen verteilen und jeweils mit einer Erdbeere garnieren. Mit Gebäckröllchen servieren.

Gebackene Zimtorangen

Unter 10 Minuten

Zutaten für 6 Personen

- 4 große Orangen
- 1 TL Zimt
- 1 EL brauner Zucker

So geht's

Den Backofengrill vorheizen. Die Orangen halbieren. Mit einem scharfen Messer entlang der einzelnen Fruchtfilets schneiden, um sie etwas von der Schale zu lösen, damit man sie später leichter herauslöffeln kann.

Die Orangenhälften mit der Schnittseite nach oben in eine flache Auflaufform setzen. Zimt und Zucker in einer kleinen Schale mischen und über die Orangenhälften verteilen.

3–5 Minuten im Backofengrill backen, bis der Zucker goldbraun karamellisiert ist und Blasen wirft. Sofort servieren.

Variation

Sie können statt Orangen auch zwei Grapefruits verwenden. Lassen Sie den Zucker weg und geben Sie stattdessen vor dem Grillen jeweils 1 Teelöffel Honig und etwas Zimt auf jede Grapefruithälfte.

Arme Ritter mit Ahornsirup

Unter 10 Minuten

Zutaten für 4–6 Personen

- 6 Eier
- 175 ml Milch
- ¼ TL gemahlener Zimt
- 12 Scheiben Weißbrot vom Vortag
- 4 EL Butter oder Margarine, plus etwas mehr zum Servieren
- ½–1 EL Sonnenblumen- oder Maiskeimöl
- Salz
- warmer Ahornsirup, zum Servieren

So geht's

Den Backofen auf 140 °C vorheizen.

Die Eier in einer großen, flachen Schüssel mit der Milch verquirlen. Zimt und etwas Salz unterrühren. Die Brotscheiben darin nach unten drücken, sodass sie vollständig von der Eimischung bedeckt sind. 1–2 Minuten einweichen, dabei einmal wenden.

Die Hälfte der Butter mit ½ Esslöffel Öl in einer Pfanne zerlassen. Mehrere Brotscheiben nebeneinander in die Pfanne legen und 2–3 Minuten goldbraun anbraten.

Wenden und von der anderen Seite ebenfalls goldbraun braten. Auf einen Teller legen und im Ofen warm halten, bis die restlichen Brotscheiben gebraten sind. Bei Bedarf noch etwas Butter in die Pfanne geben.

Die armen Ritter auf Servierteller verteilen und etwas Butter daraufgeben. Mit Ahornsirup beträufeln und sofort servieren.

Fleisch & Geflügel

Pikante Schweinefrikadellen

Fleisch & Geflügel

Zutaten für 4 Personen

- 700 g mageres Schweinehackfleisch
- 1 Knoblauchzehe, fein gehackt
- 1 TL gemahlener Ingwer
- 1 Prise gemahlene Nelken
- ½ TL frisch gemahlene Muskatnuss
- ½ TL gemahlener Piment
- ½ TL Salz
- ½ TL schwarzer Pfeffer
- 2 Eigelb
- 40 g gemahlene Mandeln
- 2–3 EL Sonnenblumen- oder Olivenöl

So geht's

Den Backofengrill vorheizen. Hackfleisch, Knoblauch, Gewürze, Salz, Pfeffer, Eigelb und gemahlene Mandeln in einer großen Schüssel vermengen. Zu kleinen Frikadellen formen und mit Öl bestreichen.

Die Frikadellen auf ein Backblech legen und 8–10 Minuten grillen, bis sie gar sind. Dabei von Zeit zu Zeit wenden.

Alternativ das Öl in einer großen Pfanne erhitzen und die Frikadellen darin 8–10 Minuten garen. Sofort servieren.

Florentiner Schinken

Fleisch & Geflügel

Zutaten für 2 Personen

- 1 Handvoll junge Spinatblätter
- 4 Scheiben Schinken
- Salz und Pfeffer
- 4 Eier
- 4 EL Crème double
- 50 g geriebener Käse, z. B. Gruyère, Cheddar oder Gouda

So geht's

Den Backofengrill vorheizen. Den Spinat in eine große Schüssel geben und mit heißem Wasser übergießen. Kurz stehen lassen, bis die Blätter einfallen, dann abgießen und gut auf Küchenpapier abtropfen lassen.

Eine Auflaufform mit dem Schinken auslegen und den Spinat darüber verteilen. Kräftig mit Salz und Pfeffer abschmecken.

Die Eier über dem Spinat aufschlagen und die Crème darüber verteilen.

Mit dem Käse bestreuen und 8–10 Minuten grillen, bis die Eier nach Geschmack gegart sind und der Käse Blasen wirft. Auf Teller verteilen und sofort servieren.

Gorgonzola-Farfalle mit Pilzen

Fleisch & Geflügel

Zutaten für 4 Personen

- 250 g Crème fraîche
- 250 g braune Champignons, geviertelt
- Salz und Pfeffer
- 400 g Farfalle
- 100 g Gorgonzola, gewürfelt
- 1 EL fein gehackte glatte Petersilie, plus einige Blätter zum Garnieren
- 200 g gekochter Schinken, gewürfelt

So geht's

Crème fraîche und Pilze in einen Topf geben, mit Salz und Pfeffer würzen und bis kurz vor dem Siedepunkt erhitzen. Die Hitze reduzieren und die Mischung so lange sanft köcheln, bis sie etwas andickt. Den Topf vom Herd nehmen.

Inzwischen leicht gesalzenes Wasser in einem Topf zum Kochen bringen und die Pasta darin nach Packungsanweisung garen, bis sie al dente ist. Abgießen und abtropfen lassen.

Den Gorgonzola in die heiße Pilzmischung geben und unter Rühren auflösen. Den Topf zurück auf den Herd stellen, Petersilie und Schinken zufügen, gut verrühren und erhitzen. Den Topf vom Herd nehmen.

Die Pasta zu der Sauce geben und gut verrühren. Auf vorgewärmte Servierteller verteilen, mit Petersilie garnieren und sofort servieren.

Schweinefleisch mit Ingwer

Fleisch & Geflügel

Zutaten für 2 Personen

- 2 EL Sonnenblumen- oder Olivenöl
- 1-cm-Stück Ingwerwurzel, gerieben
- 1 Knoblauchzehe, zerdrückt
- 2 Schweinerückensteaks, in feine Streifen geschnitten
- 100 g Pak Choi, in Streifen geschnitten
- 4 EL Cashewkerne
- 2 EL dunkle Sojasauce
- 1 EL trockener Weißwein
- 1 TL Zucker
- 1 TL Sesamöl
- Salz und Pfeffer

So geht's

Die Hälfte des Öls im Wok erhitzen und durch Schwenken verteilen.

Ingwer und Knoblauch zufügen und kurz andünsten. Das Schweinefleisch zugeben und 3–4 Minuten pfannenrühren. Fleisch, Ingwer und Knoblauch aus dem Wok nehmen und warm stellen.

Das restliche Öl im Wok erhitzen. Den Kohl zugeben und 2–3 Minuten weich dünsten. Die Cashewkerne zufügen und verrühren.

Fleisch, Ingwer und Knoblauch zusammen mit Sojasauce, Wein und Zucker zurück in den Wok geben. 1 Minute pfannenrühren, dann das Sesamöl zufügen und mit Salz und Pfeffer abschmecken. Sofort servieren.

Rindfleisch mit Cashewkernen

Fleisch & Geflügel

Zutaten für 2 Personen

- 2 EL Sonnenblumenöl
- 450 g Rumpsteak, in dünne Streifen geschnitten
- 1 EL schwarze Pfefferkörner, zerstoßen
- 2 frische Chillies, entkernt und fein gehackt
- 1 Bund Frühlingszwiebeln, in dünne Ringe geschnitten oder gehackt
- 100 g Cashewkerne

Sauce

- 3 EL Sojasauce
- 2 EL Reiswein oder trockener Sherry
- 1 EL brauner Zucker
- 1 TL chinesisches Fünf-Gewürze-Pulver

So geht's

Das Öl in einem Wok erhitzen. Steakstreifen, Pfefferkörner, Chillies und Frühlingszwiebeln zufügen und 3–4 Minuten pfannenrühren.

Für die Sauce alle Zutaten in einer Schüssel verrühren und in den Wok gießen. Weitere 3 Minuten pfannenrühren.

Die Cashewkerne zufügen und kurz anbraten. In Schalen anrichten und sofort servieren.

Teriyaki-Steak

Fleisch & Geflügel

Zutaten für 4 Personen

- 4 Rindfleischsteaks (à 150 g)
- Salz und Pfeffer
- 2 EL Pflanzenöl
- 200 g Bohnensprossen
- 4 Frühlingszwiebeln, in feine Ringe geschnitten

Teriyaki-Sauce

- 2 EL Mirin
- 2 EL Sake oder trockener Sherry
- 4 EL dunkle Sojasauce
- 1 TL Zucker

So geht's

Die Steaks mit Salz und Pfeffer würzen und beiseitestellen.

Für die Sauce Mirin, Sake, Sojasauce und Zucker in einer Schüssel gut verrühren.

In einer Pfanne 1 Esslöffel Öl erhitzen. Die Bohnensprossen zugeben und 30 Sekunden pfannenrühren. Aus der Pfanne nehmen und auf Küchenpapier abtropfen lassen.

Das restliche Öl in der Pfanne erhitzen und die Steaks zugeben. Von jeder Seite 1–3 Minuten, je nach gewünschter Garstufe, braten. Aus der Pfanne nehmen und warm stellen.

Die Pfanne vom Herd nehmen und Sauce und Frühlingszwiebeln zugeben. Zurück auf den Herd stellen und unter ständigem Rühren 2 Minuten köcheln, bis die Sauce leicht andickt und glänzt.

Die Steaks in Scheiben schneiden und auf den Bohnensprossen anrichten. Die Sauce darübergeben und sofort servieren.

Pfeffersteak in Whisky-Sauce

Fleisch & Geflügel

Zutaten für 4 Personen

- 3 EL schwarze Pfefferkörner, zerstoßen
- 4 Minutensteaks (à 200 g)
- 2 EL Sonnenblumen- oder Olivenöl
- 4 Stängel frische glatte Petersilie, zum Garnieren
- Saisongemüse, zum Servieren

Whisky-Rahm-Sauce

- 150 g Crème double
- 2 EL Rinderbrühe
- 2 EL Malt Whisky

So geht's

Die zerstoßenen Pfefferkörner auf den Steaks verteilen und gut andrücken.

Das Öl in einer Pfanne erhitzen und die Steaks darin von jeder Seite 1 Minute anbraten.

Die Steaks aus der Pfanne nehmen und warm stellen. Den Bratensaft abgießen und auffangen.

Crème double, Rinderbrühe, Whisky und Bratensaft in einer Schüssel vermengen und in die Pfanne geben. Unter Rühren erwärmen, dann über die Steaks gießen. Mit Petersilie garnieren und mit Saisongemüse servieren.

Rindfleisch-Burger

Fleisch & Geflügel

Zutaten für 4 Personen

- 650 g Rinderhackfleisch
- 1 rote Paprika, entkernt und fein gehackt
- 1 Knoblauchzehe, fein gehackt
- 2 kleine rote Chillies, entkernt und fein gehackt
- 1 EL frisch gehacktes Basilikum, plus einige Blätter zum Garnieren
- ½ TL gemahlener Kreuzkümmel
- Salz und Pfeffer
- 4 Hamburgerbrötchen, zum Servieren

So geht's

Hackfleisch, Paprika, Knoblauch, Chillies, gehacktes Basilikum und Kreuzkümmel in eine große Schüssel geben und gut vermengen. Mit Salz und Pfeffer würzen und aus der Masse vier große, flache Frikadellen formen.

Den Backofen- oder Holzkohlegrill vorheizen. Die Frikadellen von jeder Seite 5–8 Minuten grillen, bis sie gar sind. Dann auf die Hamburgerbrötchen verteilen, mit Basilikumblättern garnieren und sofort servieren.

Spaghetti Carbonara

Fleisch & Geflügel

Zutaten für 4 Personen

- 450 g frische Spaghetti
- 25 g Butter
- 6 Scheiben durchwachsener Speck, gewürfelt
- 3 Eier
- 2 EL Sahne
- 4 EL frisch geriebener Parmesan
- Salz und Pfeffer
- frisch gehackte Petersilie, zum Bestreuen

So geht's

Salzwasser in einem Topf zum Kochen bringen und die Spaghetti darin 3 Minuten kochen oder nach Packungsanleitung garen, bis sie al dente sind.

Währenddessen die Butter in einer Pfanne zerlassen, den Speck zufügen und knusprig braten. Beiseitestellen.

Eier, Sahne, Käse, Salz und Pfeffer in einer Schüssel schaumig rühren.

Die Spaghetti abgießen und sofort zurück in den Topf geben.

Den Schinken und die Ei-Sahne-Mischung über die Spaghetti geben und mehrmals rasch schwenken, bis die Sauce andickt und die Spaghetti damit überzogen sind. Mit Petersilie bestreuen und sofort servieren.

Hühnchen-Satay

Fleisch & Geflügel

Zutaten für 4 Personen

- 4 EL weiche Erdnussbutter
- 100 ml Sojasauce
- 4 Hähnchenbrustfilets, in dünne Streifen geschnitten

Zum Servieren

- Zitronenspalten
- frisch gekochter Reis

So geht's

Den Backofengrill vorheizen. Erdnussbutter und Sojasauce in einer Schüssel glatt rühren. Das Fleisch zugeben und gut mit der Marinade vermengen.

Einige Holzspieße 30 Minuten in kaltem Wasser einweichen.

Die Filetstreifen auf die Holzspieße stecken und etwa 5 Minuten von jeder Seite grillen, bis sie gar sind. Mit Zitronenspalten garnieren und mit Reis servieren.

Rindfleisch-Käse-Wraps

Fleisch & Geflügel

Zutaten für 4 Personen

- 250 g Rinderfilet, in Scheiben
- Salz und Pfeffer
- 1 EL natives Olivenöl extra
- 1 EL Mayonnaise
- 125 g Blauschimmelkäse, in kleine Stücke geschnitten
- 4 Mais-Tortillas (25 cm Ø)
- Brunnenkresse oder Gartenkresse

So geht's

Das Fleisch mit Salz und Pfeffer würzen.

Das Öl in einer beschichteten Pfanne stark erhitzen, das Rinderfilet hineingeben und von beiden Seiten jeweils 1 Minute scharf anbraten. Aus der Pfanne nehmen und ein paar Minuten ruhen lassen. Danach mit einem scharfen Messer in dünne Streifen schneiden.

Mayonnaise und Blauschimmelkäse in eine Schüssel geben und gut vermengen.

Eine saubere Pfanne erhitzen, die Tortillas nacheinander hineinlegen und jeweils 10 Sekunden anbraten.

Das Fleisch auf die Tortillas verteilen und jeweils in einem breiten Streifen in der Mitte platzieren. Käse-Mayonnaise-Mischung und schließlich Brunnenkresse darauflegen. Die Tortillas vorsichtig aufrollen und halbieren. Mit etwas Brunnenkresse garnieren und sofort servieren.

Thailändische Hühnchenspieße

Fleisch & Geflügel

Zutaten für 8 Stück

- 450 g Hähnchenbrustfilet, fein gehackt
- 1 Zwiebel, fein gehackt
- 1 frische rote Chili, entkernt und fein gehackt
- 2 EL rote Thai-Currypaste
- 1 TL Palmzucker oder brauner Zucker
- 1 TL gemahlener Koriander
- 1 TL gemahlener Kreuzkümmel
- 1 Eiweiß
- 8 Stängel Zitronengras
- Korianderblätter, zum Garnieren
- frisch gekochter Reis, mit gehackten Frühlingszwiebeln vermischt, zum Servieren

So geht's

Hühnchenfleisch, Zwiebel, Chili, Currypaste und Zucker in eine Schüssel geben und gut vermengen. Gemahlenen Koriander, Kreuzkümmel und Eiweiß zugeben und gut verrühren.

Den Backofengrill vorheizen. Die Hühnchenmischung in acht Portionen aufteilen und jede Portion fest und gleichmäßig um einen Stängel Zitronengras drücken.

Die Spieße auf den Grillrost legen und eine Fettpfanne darunterschieben. Unter mehrmaligem Wenden mindestens 10 Minuten grillen, bis das Fleisch gar und auf allen Seiten angebräunt ist. Mit Korianderblättern garnieren und mit dem Reis servieren.

Marokkanische Lammkoteletts

Fleisch & Geflügel

Zutaten für 2 Personen

- 1 Knoblauchzehe, zerdrückt
- 1 EL Olivenöl
- 2 EL fein abgeriebene Orangenschale
- 2 EL fein abgeriebene Zitronenschale
- Salz und Pfeffer
- 6 Lammkoteletts
- Orangen- und Zitronenspalten, zum Garnieren

So geht's

Den Backofengrill vorheizen. Knoblauch, Öl, Orangen- und Zitronenschale, Salz und Pfeffer in einer Schüssel vermengen.

Die Lammkoteletts mit der Mischung bestreichen, auf den Grillrost legen und eine Fettpfanne darunterschieben. Von jeder Seite 4–5 Minuten grillen. Mit Orangen- und Zitronenspalten garniert servieren.

Aromatisches Hühnchen

Fleisch & Geflügel

Zutaten für 4 Personen

- 1 frische rote Chili, entkernt und fein gehackt
- 3 Knoblauchzehen, fein gehackt
- 4 Frühlingszwiebeln, fein gehackt
- 2-cm-Stück Ingwerwurzel, in dünne Scheiben geschnitten
- 1 TL gemahlener Koriander
- 1 TL gemahlener Kreuzkümmel
- 4 EL Olivenöl
- 4 EL Pinienkerne
- Salz und Pfeffer
- 4 Hähnchenbrustfilets, in dünne Scheiben geschnitten
- 1 EL frisch gehackter Koriander

So geht's

Chili, Knoblauch, Frühlingszwiebeln, Ingwer, Koriander, Kreuzkümmel, 3 Esslöffel Öl und Pinienkerne in einer Schüssel vermengen und mit Salz und Pfeffer würzen.

Das restliche Öl in einem Wok erhitzen und das Fleisch darin bei hoher Temperatur etwa 4 Minuten rundum anbräunen.

Die Chilimischung zugeben und 4–5 Minuten braten. Den Koriander unterrühren und das Gericht sofort servieren.

Schweinefleisch süßsauer

Fleisch & Geflügel

Zutaten für 4 Personen

- 1 EL Pflanzenöl
- 350 g mageres Schweinefleisch, in 5 mm breite Streifen geschnitten
- 1 große rote Paprika, in Streifen geschnitten
- 4 Frühlingszwiebeln, gehackt
- 450 g Ananasstücke aus der Dose (mit Saft)
- 2 EL Speisestärke
- 3 EL Weinessig
- Saft von 1 Zitrone
- 3 EL helle Sojasauce
- 2 EL Zucker

So geht's

Das Öl in einer großen Pfanne erhitzen, die Fleischstreifen zufügen und unter Rühren 5 Minuten anbraten.

Paprika und Frühlingszwiebeln zugeben und unter Rühren 3 Minuten dünsten, bis sie weich werden.

Den Ananassaft in eine Schüssel abgießen und die Ananasstücke beiseitestellen. Speisestärke, Essig, Zitronensaft, Sojasauce, Zucker, Salz und Pfeffer unter den Saft rühren.

Die Mischung in die Pfanne geben und bei mittlerer Temperatur 1–2 Minuten unter Rühren kochen, bis sie leicht andickt. Die Ananasstücke zufügen und 1 Minute mitkochen. Auf Teller verteilen und servieren.

Hühnchen mit Penne

Fleisch & Geflügel

Zutaten für 2 Personen

- 200 g frische Penne (oder eine andere kurze Nudelsorte)
- Salz
- 1 EL Olivenöl
- 2 Hähnchenbrustfilets
- 4 EL trockener Weißwein
- 150 g Erbsen (Tiefkühlware)
- 75 g Crème double
- 4 EL frisch gehackte Petersilie, zum Bestreuen

So geht's

Die Nudeln in einen großen Topf mit kochendem Salzwasser geben und 3 Minuten oder nach Packungsanleitung kochen, bis sie al dente sind.

Währenddessen das Öl in einer Pfanne erhitzen, die Hähnchenbrustfilets zugeben und bei mittlerer Temperatur von jeder Seite etwa 4 Minuten braten, bis sie gar sind.

Den Wein zugießen und bei hoher Temperatur einkochen, bis er fast komplett verdunstet ist.

Die Nudeln abgießen und abtropfen lassen. Erbsen, Crème double und Pasta zum Fleisch in die Pfanne geben und gut verrühren. Die Pfanne abdecken und alles 2 Minuten köcheln lassen. Mit Petersilie bestreuen, auf Teller verteilen und servieren.

Putenbrust-Walnuss-Ciabatta

Fleisch & Geflügel

Zutaten für 2 Personen

- 2 Ciabatta-Brötchen
- 100 g Blauschimmelkäse, fein gewürfelt
- 100 g Walnüsse, gehackt
- 8 große, frische Salbeiblätter, in feine Streifen geschnitten
- 4 Scheiben gekochte oder geräucherte Putenbrust
- Trauben, zum Servieren

So geht's

Den Backofengrill vorheizen. Die Brötchen aufschneiden, die Hälften mit der Schnittfläche nach oben auf den Rost legen und anrösten. Die oberen Hälften herausnehmen. Die unteren Hälften wenden, kurz rösten und herausnehmen.

Blauschimmelkäse, Nüsse und Salbei in eine Schüssel geben und gut vermengen. Die unteren Brötchenhälften mit der Putenbrust belegen und die Käsemischung darauf verteilen. Die oberen Brötchenhälften darauflegen.

Die Ciabatta-Brötchen auf ein Blech legen und im Backofengrill 3–4 Minuten rösten, bis sie heiß sind und der Käse anfängt zu zerlaufen.

Die Brötchen auf Teller verteilen, mit Trauben garnieren und servieren.

Entenpfanne mit Honig

Fleisch & Geflügel

Zutaten für 4 Personen

- 2 EL klarer Honig
- 4 EL Sojasauce
- 4 Entenbrustfilets ohne Haut, in Scheiben geschnitten
- 1 EL Olivenöl
- 1 Bund Frühlingszwiebeln, in Ringe geschnitten
- 1 kleiner Chinakohl, in feine Streifen geschnitten
- Salz und Pfeffer

So geht's

Honig und Sojasauce in einer Schüssel verrühren. Die Entenbrustscheiben zugeben und gut mit der Marinade vermengen.

Das Öl in einem Wok erhitzen. Die Entenstücke aus der Marinade heben und in den Wok geben. 2 Minuten pfannenrühren, bis das Fleisch rundum gebräunt ist.

Frühlingszwiebeln, Chinakohl und die restliche Marinade zugeben. 3–4 Minuten pfannenrühren, bis das Fleisch gar, aber in der Mitte noch etwas rosa ist.

Mit Salz und Pfeffer abschmecken, auf einer Servierplatte anrichten und sofort servieren.

Entenbrust mit Zitrusglasur

Fleisch & Geflügel

Zutaten für 4 Personen

- 50 g brauner Zucker
- fein abgeriebene Schale und Saft von 1 Orange
- fein abgeriebene Schale und Saft von 1 großen Zitrone
- fein abgeriebene Schale und Saft von 1 Limette
- 4 Entenbrustfilets mit Haut
- Salz und Pfeffer
- 2 EL Olivenöl

Zum Servieren

- frisch gekochte Zuckererbsen
- 4 Orangenspalten

So geht's

Den Zucker in einen kleinen Topf geben und so viel Wasser zugießen, dass er gerade bedeckt ist. Bei niedriger Temperatur so lange unter Rühren köcheln lassen, bis sich der Zucker aufgelöst hat.

Schalen und Saft der Zitrusfrüchte zugeben und aufkochen. Die Temperatur reduzieren und 10 Minuten zu einem Sirup einkochen. Den Topf vom Herd nehmen.

Die Haut der Entenbrustfilets mit einem scharfen Messer kreuzweise einritzen und mit Salz und Pfeffer einreiben.

Das Öl in einer Pfanne erhitzen. Die Entenbrustfilets zunächst mit der Haut nach oben in die Pfanne legen und von jeder Seite 5 Minuten braten, bis das Fleisch zartrosa ist. Vom Herd nehmen und 5 Minuten ruhen lassen.

Die Filets diagonal in 5–6 Scheiben schneiden und auf vorgewärmten Tellern anrichten. Zuckererbsen und Orangenspalten auf die Teller verteilen und die Entenbrüste mit dem Zitrussirup beträufeln. Sofort servieren.

Fisch & Meeresfrüchte

Jakobsmuscheln im Pancetta

Fisch & Meeresfrüchte

Zutaten für 4 Personen

- 16 große, frische Jakobsmuscheln
- 8 Scheiben Pancetta, halbiert
- 1 EL Olivenöl
- Saft von 1 Zitrone
- Pfeffer
- Zitronenspalten

So geht's

Den Backofengrill vorheizen. Die Jakobsmuscheln mit je einer halben Scheibe Pancetta umwickeln.

Öl, Zitronensaft und etwas schwarzen Pfeffer in einer Schüssel vermengen.

Die Muscheln in der Mischung wälzen und je vier Stück auf einen Metallspieß stecken.

Die Jakobsmuscheln 4–5 Minuten grillen; dabei einmal wenden. Mit Zitronenspalten servieren.

Garnelentoasts

Fisch & Meeresfrüchte

Zutaten für 16 Stück

- 100 g rohe Garnelen, ausgelöst
- 2 Eiweiß
- 2 EL Speisestärke
- ½ TL Zucker
- 1 Prise Salz
- 2 EL fein gehackte Korianderblätter
- 2 Scheiben Toastbrot oder Weißbrot vom Vortag
- Erdnuss- oder Pflanzenöl, zum Frittieren

So geht's

Die Garnelen in den Mixer geben und zu einer Paste verarbeiten.

Die Paste mit einem Eiweiß, 1 Esslöffel Speisestärke, Zucker, Salz und Koriander vermengen. Das zweite Eiweiß mit der restlichen Speisestärke in eine kleine Schüssel geben und verquirlen.

Die Toastscheiben von der Rinde befreien und jede Scheibe in acht kleine Dreiecke schneiden. Jedes Dreieck mit 1 Teelöffel Garnelenpaste bestreichen.

Das Öl zum Frittieren in einen Wok oder eine hohe Pfanne geben und auf 190 °C erhitzen (ein Brotwürfel bräunt darin in 30 Sekunden). Die Toastdreiecke mit der Garnelenseite nach oben in kleinen Portionen hineingeben und 2 Minuten ausbacken. Wenden und weitere 2 Minuten backen. Mit einem Schaumlöffel herausnehmen und auf Küchenpapier abtropfen lassen. Eventuell bis zum Servieren im Backofen warm halten.

Gratinierte Austern

Fisch & Meeresfrüchte

Zutaten für 2 Personen

- 100 g Pancetta oder durchwachsener Speck
- 25 g Sellerie, in kleine Würfel geschnitten
- 4 Spargelspitzen, fein gehackt
- Salz und Pfeffer
- 6 frische Austern mit Schalen
- 25 g Mozzarella, gerieben

So geht's

Den Backofengrill vorheizen. Die Pancetta in eine kleine Pfanne geben und 1–2 Minuten knusprig braten. Sellerie und Spargel zufügen, kurz andünsten und mit Salz und Pfeffer abschmecken.

Die Austern öffnen, das Muschelfleisch lösen und in einer Muschelschale belassen. Die Pancetta-Spargel-Mischung über das Muschelfleisch verteilen. Mit geriebenem Käse bestreuen.

Die Austern 3–4 Minuten grillen, bis der Käse goldbraun ist. Aus dem Ofen nehmen und in ihren Schalen servieren.

Jakobsmuscheln in Dillsauce

Fisch & Meeresfrüchte

Zutaten für 4 Personen

- 12 große, frische Jakobsmuscheln mit Corail
- fein abgeriebene Schale und Saft von 2 Limetten
- 150 ml trockener Weißwein
- 1 Bund Frühlingszwiebeln, diagonal in Ringe geschnitten
- Salz und Pfeffer
- 2 EL Zucker
- 50 g Butter
- 2 EL frisch gehackter Dill
- frische Dillspitzen und Limettenscheiben, zum Garnieren

So geht's

Die Jakobsmuscheln in eine flache Schale legen. Limettenschale und -saft, Wein, Frühlingszwiebeln, Salz, Pfeffer und Zucker in einer Schüssel vermengen. Die Mischung über die Muscheln gießen und gut verrühren.

Die Butter in einer Pfanne erhitzen. Die Muscheln aus der Marinade heben und in die Pfanne geben. Die Marinade aufbewahren. Die Muscheln von jeder Seite 2 Minuten anbraten.

Die Marinade und den Dill in die Pfanne geben. Aufkochen und 8 Minuten köcheln lassen, bis die Marinade um die Hälfte reduziert ist.

In einer Servierschale anrichten, mit Dillspitzen und Limettenscheiben garnieren und servieren.

Knoblauchgarnelen mit Chilidip

Fisch & Meeresfrüchte

Zutaten für 3–4 Personen

- 2 EL Sonnenblumen- oder Olivenöl
- 1–2 Knoblauchzehen, zerdrückt
- 1 Bund Frühlingszwiebeln, gehackt
- 350 g rohe Garnelen

Zum Garnieren
- frisch gehackter Schnittlauch oder Koriander
- Limettenspalten

Chilidip
- 2 EL Zuckerrübensirup
- 100 ml Weißweinessig
- 2 EL thailändische Fischsauce oder helle Sojasauce
- 2 EL Wasser
- 1 Knoblauchzehe, zerdrückt
- 2 TL frisch geriebene Ingwerwurzel
- 2 TL fein gehackte rote Chili

So geht's

Für die Sauce Zuckerrübensirup, Essig, Fischsauce und Wasser in einen kleinen Topf geben und aufkochen. Knoblauch, Ingwer und Chili zufügen, verrühren und auf vier kleine Schüsseln verteilen.

Das Öl in einem Wok oder einer Pfanne erhitzen und Knoblauch und Frühlingszwiebeln zugeben. Bei hoher Temperatur 2 Minuten anbraten, dann die Garnelen zufügen und weitere 2–3 Minuten pfannenrühren.

Auf vier vorgewärmte Teller verteilen, mit Schnittlauch und Limettenspalten garnieren und mit dem Chilidip servieren.

Scharfsaure Garnelensuppe

Fisch & Meeresfrüchte

Zutaten für 2 Personen

- 300 g rohe Garnelen, ausgelöst
- 2 TL Pflanzenöl
- 2 frische rote Chillies, in Ringe geschnitten
- 1 Knoblauchzehe, in Scheiben geschnitten
- 750 ml Fischfond
- 4 dünne Scheiben Ingwerwurzel
- 2 Stängel Zitronengras, fein gehackt
- 5 Kaffir-Limettenblätter, grob gehackt
- 2 TL Palm- oder brauner Zucker
- 1 EL Chiliöl
- 1 Handvoll frische Korianderblätter
- 1 Spritzer Limettensaft

So geht's

Die Garnelen ohne Fett in einem Wok rosa braten. Herausnehmen und beiseitestellen.

Das Pflanzenöl im Wok erhitzen, Chillies und Knoblauch zufügen und 30 Sekunden pfannenrühren.

Brühe, Ingwer, Zitronengras, Limettenblätter und Zucker zufügen und 4 Minuten köcheln lassen. Garnelen, Chiliöl und Koriander zugeben und weitere 2 Minuten kochen.

Den Limettensaft unterrühren und sofort servieren.

Wraps mit Krebsfleisch

Fisch & Meeresfrüchte

Zutaten für 4 Stück

- 250 g Fenchel
- 150 g Krebsfleisch, frisch oder aus der Dose, abgetropft
- 4 EL Mayonnaise
- Saft und abgeriebene Schale von 1 Zitrone
- ½ Bund glatte Petersilie, gehackt
- Salz und Pfeffer
- 4 Mais-Tortillas mit Kräutern (25 cm Ø)

So geht's

Den Fenchel längs halbieren, in dünne Scheiben schneiden und in eine Schüssel geben.

Krebsfleisch, Mayonnaise, Zitronenschale und -saft und Petersilie zu dem Fenchel geben und gut vermengen. Mit Salz und Pfeffer würzen.

Die Schüssel abdecken und mindestens 5 Minuten ruhen lassen.

Eine beschichtete Pfanne oder Grillpfanne erhitzen. Die Tortillas hineingeben und von beiden Seiten jeweils 10 Sekunden anbraten.

Die Fenchelmischung noch einmal verrühren, auf die Tortillas verteilen und jeweils in einem breiten Streifen in der Mitte platzieren. Die Tortillas oben und unten über die Füllung falten, dann aufrollen und schräg halbieren. Auf Teller verteilen und servieren.

Gedämpfte Muscheln

Fisch & Meeresfrüchte

Zutaten für 4 Personen

- 100 g Butter
- 1 Schalotte, gehackt
- 3 Knoblauchzehen, fein gehackt
- 2 kg Miesmuscheln, abgebürstet und Bärte entfernt
- 250 ml trockener Weißwein
- ½ TL Salz
- Pfeffer
- 4 EL frisch gehackte Petersilie

So geht's

Die Hälfte der Butter in einem großen Topf bei niedriger Temperatur zerlassen. Schalotte und Knoblauch zufügen und 2 Minuten dünsten. Offene Muscheln, die sich bei leichtem Antippen nicht schließen, aussortieren. Muscheln, Wein, Salz und etwas Pfeffer in den Topf geben.

Den Topf abdecken und die Muscheln 3 Minuten kochen; dabei den Topf von Zeit zu Zeit etwas rütteln.

Die Muscheln mit einem Schaumlöffel aus dem Topf nehmen und auf vier Suppenschalen verteilen. Muscheln, die sich nicht geöffnet haben, aussortieren.

In einer kleinen Schüssel die restliche Butter mit der Petersilie vermengen und die Mischung in den Muschelsud rühren. Den Sud einmal aufkochen und über die Muscheln gießen. Sofort servieren.

Lachs mediterran

Fisch & Meeresfrüchte

Zutaten für 4 Personen

- 2 EL natives Olivenöl extra
- 4 Lachsfilets mit Haut (à 150 g)
- Saft von ½ Zitrone
- Salz
- frisch gekochte neue Kartoffeln, zum Servieren

Dressing

- 1 Handvoll frische Basilikumblätter
- 2 EL frische Schnittlauchröllchen
- 1 Knoblauchzehe, zerdrückt
- 1 TL grober Senf
- ½ TL Zucker
- Saft von ½ Zitrone
- 200 ml natives Olivenöl extra
- Schale von ½ eingelegten Zitrone, fein gehackt, oder abgeriebene Schale von ½ Zitrone
- 10 schwarze Oliven, entsteint und fein gehackt

So geht's

Den Backofen auf 200 °C vorheizen.

Für das Dressing Kräuter, Knoblauch, Senf, Zucker, Zitronensaft und Öl in die Küchenmaschine geben und glatt pürieren. Die Mischung in einen Topf geben, eingelegte Zitronenschale und Oliven zufügen und bei geringer Hitze erwärmen.

Für den Fisch das Olivenöl in einer Pfanne erhitzen und die Lachsfilets darin mit der Hautseite nach unten 3 Minuten anbraten, bis die Haut goldgelb und knusprig ist. Den Fisch mit der Hautseite nach oben in eine Auflaufform legen, mit Zitronensaft beträufeln und leicht salzen.

Etwa 5 Minuten im Ofen backen, bis der Fisch gerade gar ist. (Nicht zu lange backen, sonst wird der Lachs zu trocken.) Die Lachsfilets auf Teller verteilen und mit dem Dressing beträufeln. Mit den gekochten Kartoffeln servieren.

Tagliatelle mit Räucherlachs

Fisch & Meeresfrüchte

Zutaten für 4 Personen

- 350 g Tagliatelle
- 2 EL natives Olivenöl extra
- 1 Knoblauchzehe, fein gehackt
- 150 g Räucherlachs, in dünne Streifen geschnitten
- 50 g Rucola
- Salz und Pfeffer

So geht's

Leicht gesalzenes Wasser in einem großen Topf zum Kochen bringen. Die Nudeln darin 8–10 Minuten garen, bis sie al dente sind.

In der Zwischenzeit das Olivenöl in einer Pfanne erhitzen. Den Knoblauch zufügen und 1 Minute andünsten; dabei nicht anbräunen, sonst schmeckt er bitter.

Lachs und Rucola zufügen. Mit Salz und Pfeffer würzen und unter Rühren 1 Minute andünsten. Vom Herd nehmen.

Die Nudeln abgießen und in eine vorgewärmte Servierschüssel füllen. Die Räucherlachs-Rucola-Mischung zufügen und vorsichtig unterheben. Auf Teller verteilen und sofort servieren.

Variation

Für eine cremigere Version geben Sie 250 g Naturjoghurt mit einem Spritzer Zitronensaft zu. Sie können den Rucola auch durch frisch gehackten Dill ersetzen.

Räucherlachs-Pâté

Fisch & Meeresfrüchte

Zutaten für 4–6 Personen

- 500 g Räucherlachs, in kleine Stücke geschnitten
- 1 TL frisch gehackter Thymian
- Saft und fein abgeriebene Schale von 1 kleinen Zitrone
- 2 EL Butter
- 100 g Frischkäse
- 1 Prise Paprika
- 1 Prise Cayennepfeffer
- Pfeffer
- Knäckebrot, zum Servieren

So geht's

Räucherlachs, Thymian, Zitronensaft und -schale in eine Küchenmaschine oder einen Mixer geben und grob vermengen.

Butter, Frischkäse, Paprika, Cayennepfeffer und Pfeffer zugeben.

Zu einer groben Masse mixen und abschmecken.

Die Masse in einen luftdichten Behälter mit Deckel füllen und im Kühlschrank fest werden lassen. Die Pâté 15 Minuten vor dem Servieren aus dem Kühlschrank nehmen und in eine Servierschale füllen. Mit Knäckebrot servieren.

Teriyaki-Lachs mit Nudeln

Fisch & Meeresfrüchte

Zutaten für 4 Personen

- 4 Lachsfilets (à 200 g)
- 125 ml Teriyaki-Sauce
- 1 Schalotte, in Ringe geschnitten
- 2-cm-Stück Ingwerwurzel, fein gehackt
- 2 Karotten, in Scheiben geschnitten
- 100 g kleine Champignons, in Scheiben geschnitten
- 1,2 l Gemüsebrühe
- 250 g chinesische Eiernudeln
- 100 g Erbsen, Tiefkühlware
- 200 g Chinakohl, geraspelt
- 4 Frühlingszwiebeln, in Ringe geschnitten

So geht's

Die Lachsfilets in eine Schüssel geben. Die Teriyaki-Sauce mit Schalotte und Ingwer mischen und über den Fisch gießen. Abdecken und mindestens 1 Stunde im Kühlschrank marinieren, nach 30 Minuten wenden.

Karotten, Pilze und Brühe in einen großen Topf geben. Die Lachsfilets in eine flache Auflaufform legen, die aufgefangene Marinade zum Gemüse in den Topf geben. Zum Kochen bringen, die Hitze reduzieren, abdecken und 10 Minuten köcheln lassen.

Unterdessen den Backofengrill auf mittlerer Hitze vorheizen. Den Lachs je nach Dicke der Filets 10–15 Minuten unter dem Grill garen, bis das Fleisch rosa und leicht zu zerteilen ist. Herausnehmen und warm halten.

Nudeln und Erbsen zur Brühe geben und diese wieder zum Kochen bringen. Die Hitze reduzieren, abdecken und 5 Minuten köcheln lassen. Chinakohl und Frühlingszwiebeln einrühren und 1 Minute erhitzen.

300 ml Brühe in eine Schüssel füllen und beiseitestellen. Die restliche Brühe abgießen. Nudeln und Gemüse auf vier angewärmte Servierschalen verteilen und mit je einem Lachsfilet belegen. Etwas Brühe darübergießen und sofort servieren.

Schwertfischsteaks mit Zitrone

Fisch & Meeresfrüchte

Zutaten für 4 Personen

- 80 ml natives Olivenöl extra, plus etwas mehr zum Bestreichen
- Saft von 1 kleinen Zitrone
- 2 Knoblauchzehen, zerdrückt
- 1 EL frisch gehackter Oregano
- 2 EL frisch gehackte Petersilie
- Salz und Pfeffer
- 4 Schwertfischsteaks (à 150 g)
- Zitronenspalten, zum Garnieren
- frisch gekochter grüner Spargel, zum Servieren

So geht's

Olivenöl, Zitronensaft, Knoblauchzehen, Oregano, Petersilie, Salz und Pfeffer in ein Schraubglas mit Deckel füllen und kräftig schütteln.

Eine Grillpfanne auf höchster Stufe erhitzen. Die Schwertfischsteaks mit Küchenpapier trocken tupfen und von beiden Seiten mit Öl bestreichen. Den Fisch in die heiße Pfanne legen und von jeder Seite 2 Minuten anbraten, bis er gar, aber innen noch saftig ist.

Auf Teller verteilen und mit dem Dressing beträufeln. Mit Zitronenspalten garnieren und mit dem grünen Spargel servieren.

Fischstäbchen mit Chilimayo

Fisch & Meeresfrüchte

Zutaten für 4 Personen

- 200 g Mehl
- Salz und Pfeffer
- 3 Eier
- 140 g gemahlene Matze (ungesäuertes Brot)
- 450 g festes weißes Fischfilet, z. B. Seeteufel, in Streifen geschnitten
- Sonnenblumen- oder Erdnussöl

Chilimayonnaise

- 2 EL süße Chilisauce
- 4–5 EL Mayonnaise

So geht's

Das Mehl mit reichlich Salz und Pfeffer in einer großen, flachen Schüssel mischen. Die Eier in eine weitere Schüssel geben und verquirlen. Die gemahlene Matze in eine dritte Schüssel geben.

Die Fischstreifen zunächst in dem Mehl, dann in den Eiern und zum Schluss in den gemahlenen Matzen wälzen; dabei darauf achten, dass die Fischstreifen vollständig mit der Panade bedeckt sind.

Eine große Pfanne etwa 1 cm hoch mit Öl füllen und dieses erhitzen. Die Fischstreifen portionsweise goldbraun braten, dabei einmal wenden.

Die Zutaten für die Chilimayonnaise in eine Schüssel geben und gut verrühren.

Die Fischstäbchen schön anrichten und mit der Chilimayonnaise als Dip servieren.

Krebsfleischpuffer mit Avocado

Fisch & Meeresfrüchte

Zutaten für 4 Personen

- 200 g Maiskörner aus der Dose, abgetropft
- 70 g Mehl
- 2 Eier, verquirlt
- 300 g Krebsfleisch, frisch oder aus der Dose
- ½ Bund glatte Petersilie, fein gehackt
- Salz und Pfeffer
- 3–4 EL Olivenöl
- Limettenspalten, zum Servieren

Avocado-Salsa

- 1 kleine rote Zwiebel, fein gehackt
- 1 rote und 1 gelbe Paprika, klein gewürfelt
- 1 Avocado, klein gewürfelt
- 1 Mango, klein gewürfelt
- 4 Tomaten, klein gewürfelt
- Saft und fein abgeriebene Schale von 2 Limetten
- ½ Bund frischer Koriander, fein gehackt

So geht's

Für die Avocado-Salsa alle Zutaten in eine große Schüssel geben und gut vermengen.

Für die Krebsfleischpuffer Maiskörner, Mehl und Eier in eine große Schüssel geben und gut mischen. Krebsfleisch und Petersilie unterheben und mit Salz und Pfeffer würzen.

Das Öl in einer großen Pfanne erhitzen. Die Krebsfleischmischung esslöffelweise hineingeben und die einzelnen Puffer jeweils 2–3 Minuten von jeder Seite braten, bis sie goldbraun und knusprig sind. Aus der Pfanne heben und auf Küchenpapier abtropfen lassen. Sofort mit Salsa und Limettenspalten servieren.

Thunfisch-Linsen-Salat

Fisch & Meeresfrüchte

Zutaten für 4 Personen

- 2 reife Tomaten
- 1 kleine rote Zwiebel
- 400 g Linsen aus der Dose, abgetropft
- 200 g Thunfisch aus der Dose, abgetropft
- 2 EL frisch gehackter Koriander

Dressing

- 3 EL natives Olivenöl extra
- 1 EL Zitronensaft
- 1 TL grober Senf
- 1 Knoblauchzehe, zerdrückt
- ½ TL gemahlener Kreuzkümmel
- ½ TL gemahlener Koriander
- Salz und Pfeffer

So geht's

Die Tomaten mit einem scharfen Messer entkernen und fein würfeln. Die Zwiebel fein hacken. Zwiebel, Tomaten und Linsen in eine große Schüssel füllen und gut mischen.

Für das Dressing alle Zutaten in eine Schüssel geben und gut verrühren.

Den Thunfisch mit einer Gabel auflockern und zusammen mit dem Koriander unter die Linsenmischung heben.

Den Salat mit dem Dressing beträufeln, gut vermengen und servieren.

Pikante Thunfischplätzchen

Fisch & Meeresfrüchte

Zutaten für 4 Stück

- 4 EL Mehl
- Salz und Pfeffer
- 200 g Thunfisch in Öl, abgetropft
- 2–3 EL Currypaste
- 1 Frühlingszwiebel, fein gehackt
- 1 Ei, verquirlt
- Sonnenblumen- oder Erdnussöl, zum Braten
- Rucolablätter, zum Servieren

So geht's

Das Mehl mit reichlich Salz und Pfeffer in einer großen, flachen Schüssel mischen. In einer weiteren Schüssel Thunfisch, Currypaste, Frühlingszwiebel und Ei vermengen.

Aus der Mischung vier Plätzchen formen und im Mehl wälzen.

Das Öl in einer Pfanne erhitzen und die Plätzchen hineingeben. Von jeder Seite etwa 3–4 Minuten braten, bis sie knusprig braun sind. Die Rucolablätter auf vier Teller verteilen und jeweils ein Fischplätzchen darauflegen. Sofort servieren.

Seeteufel in Kräuterkruste

Fisch & Meeresfrüchte

Zutaten für 4 Personen

- 4 EL Sonnenblumenöl oder zerlassene Butter
- 4 EL frische Semmelbrösel
- 4 EL frisch gehackte Petersilie
- fein abgeriebene Schale von 1 großen Zitrone
- Salz und Pfeffer
- 4 Seeteufelfilets (à 150 g)
- Petersilienzweige, zum Garnieren
- frittierte Kartoffelwürfel, zum Servieren (nach Belieben)

So geht's

Den Backofen auf 180 °C vorheizen.

Öl, Semmelbrösel, Petersilie und Zitronenschale mit einer Prise Salz und Pfeffer in einer Schüssel zu einer glatten Masse verrühren.

Die Fischfilets auf den Grillrost legen. Die Semmelbröselmischung auf den Filets verteilen und gut andrücken.

Den Fisch 7–8 Minuten garen. Auf Tellern anrichten, mit frischen Petersilienzweigen garnieren und nach Belieben mit frittierten Kartoffelwürfeln servieren.

Fisch-Zitronen-Spieße

Fisch & Meeresfrüchte

Zutaten für 2–4 Personen

- 450 g Fischfilet, z. B. Seeteufel, Schwertfisch und Heilbutt
- 1 Zitrone, in 8 Spalten geschnitten
- 8 Lorbeerblätter
- 3 EL Olivenöl

So geht's

Vier lange Holzspieße 30 Minuten in kaltem Wasser einweichen.

Den Backofengrill vorheizen. Die Fischfilets in Würfel schneiden und abwechselnd mit Zitronenspalten und Lorbeerblättern auf die Holzspieße stecken.

Mit dem Öl bestreichen und von jeder Seite etwa 4 Minuten grillen, bis der Fisch gar ist. Sofort servieren.

Gemüsegerichte

Kräuteromelett

Gemüsegerichte

Zutaten für 1 Person

- 2 Eier (Größe L)
- 2 EL Milch
- Salz und Pfeffer
- 3 EL Butter
- 1 TL frisch gehackte Petersilie
- 1 TL frisch gehackter Kerbel
- 1 TL frisch gehackter Schnittlauch
- gemischter Blattsalat, zum Servieren

So geht's

Eier, Milch, Salz und Pfeffer in eine Schüssel geben und verquirlen.

Eine Pfanne (20 cm Ø) erhitzen. 2 Esslöffel Butter hineingeben, zerlassen und gut verteilen.

Die Eimasse zufügen und in der Pfanne verteilen.

Sobald das Omelett zu stocken beginnt, dieses vorsichtig vom Pfannenrand lösen und zur Mitte hin schieben, sodass die restliche Eimasse den heißen Pfannenboden berührt. Weitere 2–3 Minuten braten.

Sobald der Boden des Omeletts gebräunt und die Oberseite gestockt ist, die Kräuter darauf verteilen und das Omelett zuklappen. Von beiden Seiten noch einmal kurz anbraten und die restliche Butter auf der Oberseite verstreichen. Sofort mit einem knackigen Blattsalat servieren.

Gemüsetörtchen

Gemüsegerichte

Zutaten für 12 Törtchen

- Butter, zum Einfetten
- 12 fertige Blätterteigförmchen
- 2 EL Olivenöl
- 1 rote Paprika, gewürfelt
- 1 Knoblauchzehe, zerdrückt
- 1 kleine Zwiebel, fein gehackt
- 250 g reife Tomaten, gehackt
- 1 EL frisch gezupftes Basilikum
- 1 TL frischer oder ½ TL getrockneter Thymian
- Salz und Pfeffer
- grüner Salat, zum Servieren

So geht's

Den Backofen auf 200 °C vorheizen und ein bis zwei Backbleche dünn einfetten.

Die Blätterteigförmchen auf die Backbleche setzen.

Das Öl in einer Pfanne erhitzen, Paprika, Knoblauch und Zwiebel zufügen und 3 Minuten weich dünsten.

Tomaten, Kräuter und Gewürze zugeben und gut vermengen. Die Mischung auf die Blätterteigförmchen verteilen.

Etwa 5 Minuten backen, bis das Gemüse heiß ist. Sofort mit grünem Salat servieren.

Ziegenkäsetörtchen

Gemüsegerichte

Zutaten für 12 Törtchen

- Butter, zum Einfetten
- 1 EL Vollkornmehl
- 400 g Blätterteig, Tiefkühlware aufgetaut
- 1 Ei, verquirlt
- 3 EL Zwiebel- oder Tomaten-Relish
- 350 g Ziegenkäse von der Rolle, in Scheiben geschnitten
- Olivenöl, zum Beträufeln
- Pfeffer

So geht's

Den Backofen auf 200 °C vorheizen und zwei Backbleche einfetten.

Den Blätterteig auf eine leicht bemehlte Arbeitsfläche legen und mit runden Ausstechformen (7,5 cm Ø) so viele Kreise wie möglich aus dem Teig ausstechen.

Die Kreise auf die vorbereiteten Backbleche legen. Nun eine kleinere Ausstechform (5 cm Ø) leicht auf die Kreise drücken (nicht ausstechen!), sodass ein 2,5 cm großer Rand erkennbar wird.

Die Kreise mit dem Ei bestreichen und mit einer Gabel mehrmals einstechen.

In die Mitte jedes Kreises etwas Relish und eine Scheibe Ziegenkäse geben; dabei darauf achten, dass der Rand der Kreise frei bleibt. Den Ziegenkäse mit Öl beträufeln und pfeffern.

8–10 Minuten backen, bis der Teig knusprig ist. Aus dem Ofen nehmen und warm servieren.

Provenzalische Frittata

Gemüsegerichte

Zutaten für 2–4 Personen

- 3 EL Sonnenblumen- oder Olivenöl
- 1 Knoblauchzehe, gehackt
- 250 g frischer Spinat oder Tiefkühlware, aufgetaut
- Salz und Pfeffer
- 1 Handvoll Cocktailtomaten, halbiert
- 6 Eier, verquirlt
- Cocktailtomaten an der Rispe, zum Garnieren (nach Belieben)

So geht's

Das Öl in einer großen Pfanne erhitzen, den Knoblauch zufügen und 1 Minute anbraten. Den Spinat zugeben und 1 Minute dünsten, bis er zusammenfällt.

Mit Salz und Pfeffer würzen, die Tomaten in die Pfanne geben und 1 Minute pfannenrühren.

Die Eier gleichmäßig in die Pfanne gießen und mindestens 4–5 Minuten garen, bis sie gestockt sind. Die Frittata wenden und weitere 1–2 Minuten anbraten. Auf einen Teller stürzen und vierteln. Nach Belieben mit Cocktailtomaten garnieren und heiß oder kalt servieren.

Schnelle Pizzastücke

Gemüsegerichte

Zutaten für 4–6 Personen

- 1 Fertigpizzaboden (23 cm Ø) oder 1 Ciabatta, horizontal in Scheiben geschnitten
- frische Basilikumblätter, zerzupft

Tomatenbelag

- 150 g passierte Tomaten
- 3 EL Tomatenmark
- 2 Knoblauchzehen, zerdrückt
- 1 Prise Zucker
- Salz und Pfeffer
- Cocktailtomaten, halbiert

So geht's

Den Backofen auf 200 °C vorheizen.

Für den Belag mit Tomate passierte Tomaten, Tomatenmark, Knoblauch, Zucker, Salz und Pfeffer in einer Schüssel vermengen. Über den Fertigpizzaboden oder das Ciabatta streichen und die Kirschtomaten darüber verteilen.

8–10 Minuten backen, bis die Pizza knusprig ist. Mit Basilikumblättern bestreuen und sofort servieren.

Variation

Vor dem Backen können Sie die Tomatenmischung mit 120 g eingelegten, gerösteten Paprika und schwarzen Oliven belegen. Streuen Sie dann 250 g geriebenen Mozzarella sowie eine Handvoll frische Parmesanspäne darüber und backen Sie die Pizzastücke im Ofen.

Quesadillas

Gemüsegerichte

Zutaten für 4 Personen

- 4 EL fein gehackte frische Jalapeño-Chillies
- 1 Zwiebel, fein gehackt
- 1 EL Rotweinessig
- 75 ml natives Olivenöl extra
- 300–400 g Mais aus der Dose, abgetropft
- 8 weiche Tortillas

So geht's

Chillies, Zwiebel, Essig und 4 Esslöffel Olivenöl in eine Küchenmaschine oder einen Mixer geben und kurz mixen.

In eine Schüssel füllen und den Mais unterrühren.

Das restliche Öl in einer Pfanne erhitzen, eine Tortilla zugeben und 1 Minute backen; dabei einmal wenden.

Die Tortilla mit der Chilimischung bestreichen und zusammenklappen.

Weitere 2–3 Minuten anbraten, bis die Tortilla goldbraun und die Füllung heiß ist. Aus der Pfanne heben und warm halten. Mit den restlichen Tortillas und der verbleibenden Füllung ebenso verfahren. Sofort servieren.

Falafel-Burger

Gemüsegerichte

Zutaten für 4 Personen

- 800 g Kichererbsen aus der Dose, abgespült und abgetropft
- 1 kleine Zwiebel, fein gehackt
- Schale und Saft von 1 Limette
- 2 TL gemahlener Koriander
- 2 TL gemahlener Kreuzkümmel
- 100 g Mehl
- 4 EL Olivenöl
- 4 frische Basilikumzweige, zum Garnieren
- Tomaten-Salsa, zum Servieren

So geht's

Kichererbsen, Zwiebel, Limettenschale und -saft sowie Gewürze in eine Küchenmaschine geben und zu einer groben Paste verarbeiten.

Aus der Mischung vier Burger formen und auf einen flachen Teller legen.

Das Mehl auf einen tiefen Teller geben und die Burger darin wälzen.

Das Öl in einer Pfanne erhitzen, die Burger zufügen und von jeder Seite 2 Minuten braten, bis sie knusprig sind. Mit Basilikum garnieren und mit Tomaten-Salsa servieren.

Brie mit Karamellguss

Gemüsegerichte

Zutaten für 4 Personen

- 2 EL Wasser
- 150 g Zucker
- 1 kleiner Brie

Zum Servieren

- 8 Haferkekse
- helle Trauben

So geht's

Wasser und Zucker bei niedriger Temperatur in einem Topf erhitzen, bis der Zucker sich vollständig aufgelöst hat.

Die Hitze erhöhen und unter Rühren köcheln, bis der Zucker eine goldbraune Farbe angenommen hat.

Den Topf vom Herd nehmen und den Inhalt sofort über den Brie gießen. Abkühlen lassen. Den Karamell etwas aufklopfen und zimmerwarm mit Haferplätzchen und frischen Trauben servieren.

Frühlingsrollen

Gemüsegerichte

Zutaten für 8 Stück

- 2 EL Pflanzen- oder Erdnussöl, plus etwas mehr zum Frittieren
- 6 Frühlingszwiebeln, in 5 cm lange, feine Streifen geschnitten
- 1 frische grüne Chili, entkernt und gehackt
- 1 Karotte, in feine Stifte geschnitten
- 1 Zucchini, in feine Stifte geschnitten
- ½ rote Paprika, in feine Stifte geschnitten
- 120 g Bohnensprossen, abgespült und abgetropft
- 120 g Bambussprossen aus dem Glas, abgetropft und in kleine Stücke geschnitten
- 3 EL Sojasauce
- 1–2 EL Chilisauce
- 8 Blätter Frühlingsrollenteig

So geht's

Das Öl in einem Wok oder einer großen Pfanne erhitzen. Frühlingszwiebeln und Chili hineingeben und 30 Sekunden pfannenrühren. Karotte, Zucchini und Paprika zufügen und 1 weitere Minute pfannenrühren. Den Wok vom Herd nehmen und Bohnensprossen, Bambussprossen, Sojasauce und Chilisauce untermischen.

Ein Teigblatt auf einer sauberen Arbeitsfläche ausbreiten und mit einem Löffel etwas Gemüsemischung diagonal über die Mitte verteilen. Eine Ecke über die Füllung schlagen, die beiden seitlichen Ecken darüberklappen, um die Füllung einzuschließen. Das Teigblatt bis zur vierten Ecke aufrollen. Mit den restlichen sieben Teigblättern ebenso verfahren.

Das Öl zum Frittieren in einem Wok oder einer tiefen Pfanne auf 180 °C erhitzen (ein Brotwürfel bräunt darin in 30 Sekunden). Die Frühlingsrollen in zwei Portionen goldbraun und knusprig frittieren. Mit einem Schaumlöffel herausnehmen und auf Küchenpapier abtropfen lassen. Sofort servieren.

Grüner Spargel in Filo-Teig

Gemüsegerichte

Zutaten für 4 Personen

- 20 grüne Spargelstangen
- 5 Blätter Filo-Teig
- Zitronenspalten, zum Servieren

Dip

- 100 g Hüttenkäse
- 1 EL fettarme Milch
- 4 Frühlingszwiebeln, fein gehackt
- 2 EL frisch gehackte gemischte Kräuter, z. B. Basilikum, Minze und Estragon
- Pfeffer

So geht's

Für den Dip alle Zutaten in eine Schüssel geben und gut vermengen. Die Schüssel mit Frischhaltefolie abdecken und bis zum Servieren in den Kühlschrank stellen.

Die holzigen Enden der Spargelstangen entfernen und den unteren Teil des Spargels bei Bedarf schälen.

Den Backofen auf 190 °C vorheizen.

Jedes Blatt Filo-Teig in vier Quadrate schneiden und jeweils ein Blatt auf die Arbeitsfläche legen. Leicht mit Wasser anfeuchten, dann eine Spargelstange an einer Seite platzieren. So aufrollen, dass nur noch die Spargelspitze zu sehen ist, und auf ein großes Backblech legen. Mit den restlichen Spargelstangen ebenso verfahren.

10–12 Minuten im Ofen backen, bis der Teig goldbraun ist. Mit Zitronenspalten und Dip servieren.

Chinesisches Ingwergemüse

Gemüsegerichte

Zutaten für 2 Personen

- 1 EL Sonnenblumen- oder Erdnussöl
- 2,5-cm-Stück Ingwerwurzel, gerieben
- 1 Zwiebel, in dünne Ringe geschnitten
- 150 g grüne Bohnen, Tiefkühlware, aufgetaut
- 450 g gemischtes Gemüse, Tiefkühlware, aufgetaut
- 150 ml Wasser
- 2–3 EL brauner Zucker
- 2 EL Speisestärke
- 4 EL Malzessig
- 4 EL Sojasauce
- 1 TL gemahlener Ingwer

So geht's

Das Öl in einem Wok oder in einer Pfanne erhitzen, den geriebenen Ingwer zugeben und 1 Minute anbraten. Herausnehmen und auf Küchenpapier abtropfen lassen.

Die Hitze leicht reduzieren und Gemüse und Wasser in den Wok geben.

Mit Alufolie abdecken und 5–6 Minuten garen, bis das Gemüse zart, aber noch bissfest ist.

Zucker, Speisestärke, Malzessig, Sojasauce und gemahlenen Ingwer in einer Schüssel verrühren. Die Hitze etwas erhöhen und die Mischung zum Gemüse in den Wok geben. Unter Rühren 1 Minute köcheln, bis die Sauce andickt.

Den Ingwer zurück in den Wok geben und unterrühren. Weitere 2 Minuten erhitzen und sofort servieren.

Crostini mit Brokkoli

Gemüsegerichte

Zutaten für 6 Personen

- 500 g Brokkoliröschen
- 100 ml natives Olivenöl extra
- 3 frische Knoblauchzehen mit Grün, gehackt
- 1–2 frische rote Chillies, entkernt und fein gehackt
- Salz und Pfeffer
- 6 Scheiben frisches Bauernbrot

So geht's

Den Backofen auf 190 °C vorheizen.

Leicht gesalzenes Wasser in einem großen Topf zum Kochen bringen und die Brokkoliröschen darin 10 Minuten garen, bis sie bissfest sind. Abgießen, abtropfen lassen und beiseitestellen.

Ein Drittel des Öls in einem Wok oder einer großen Pfanne erhitzen. Knoblauch und Chillies zugeben und 2 Minuten pfannenrühren. Brokkoli zufügen, mit Salz und Pfeffer würzen und weitere 3–4 Minuten pfannenrühren, bis der Brokkoli etwas angebräunt ist.

In der Zwischenzeit die Brotscheiben mit dem restlichen Öl beträufeln und 10 Minuten rösten, bis sie goldbraun und kross sind.

Die Brokkolimischung auf die gerösteten Brotscheiben verteilen, mit ein wenig Pfeffer bestreuen und sofort servieren.

Tofupfanne

Gemüsegerichte

Zutaten für 4 Personen

- 2 EL Sonnenblumen- oder Olivenöl
- 350 g schnittfester Tofu, gewürfelt
- 250 g Pak Choi, grob gehackt
- 1 Knoblauchzehe, gehackt
- 4 EL süße Chilisauce
- 2 EL helle Sojasauce

So geht's

Die Hälfte des Öls in einem Wok erhitzen. Den Tofu portionsweise zugeben und 2–3 Minuten pfannenrühren, bis er goldbraun ist. Herausnehmen und beiseitestellen.

Den Pak Choi in den Wok geben und kurz pfannenrühren, bis er zusammenfällt. Herausnehmen und beiseitestellen.

Das restliche Öl in den Wok geben, den Knoblauch zufügen und 30 Sekunden pfannenrühren. Chili- und Sojasauce unterrühren und aufkochen.

Tofu und Pak Choi zurück in den Wok geben und diesen leicht schwenken, bis alles vollständig mit Sauce überzogen ist. Auf Tellern anrichten und servieren.

Variation

Zusätzlich können Frühlingszwiebeln, Bohnensprossen, Cocktailtomaten, Paprika sowie Cashewkerne zu diesem Wokgericht hinzugefügt werden.

Spinatsalat mit Walnüssen

Gemüsegerichte

Zutaten für 2 Personen

- 450 g junge Spinatblätter
- 1 Zwiebel, fein gehackt
- 1 EL Olivenöl
- Salz und Pfeffer
- 200 g Naturjoghurt
- 1 Knoblauchzehe, fein gehackt
- 2 EL gehackte, geröstete Walnüsse
- 2–3 TL frisch gehackte Minze
- Pita-Brot, zum Servieren

So geht's

Spinat und Zwiebel in einen Topf geben und diesen bedecken. Bei geringer Temperatur einige Minuten sanft dünsten, bis der Spinat zusammengefallen ist.

Das Öl zugeben und weitere 5 Minuten dünsten. Mit Salz und Pfeffer abschmecken.

In einer Schüssel Joghurt und Knoblauch mischen.

Spinat und Zwiebel in eine Servierschüssel geben und die Joghurtmischung darübergießen. Walnüsse und Minze darüber verteilen und mit Pita-Brot servieren.

Couscous-Salat mit Himbeeren

Gemüsegerichte

Zutaten für 6 Personen

- 350 g Couscous
- 700 ml kochende Hühner- oder Gemüsebrühe
- 350 g Himbeeren
- 1 kleines Bund Basilikum
- 200 g Feta, zerkrümelt oder klein gewürfelt
- 2 Zucchini, in feine Scheiben geschnitten
- 4 Frühlingszwiebeln, diagonal in Ringe geschnitten
- 50 g geröstete Pinienkerne
- abgeriebene Schale von 1 Zitrone

Dressing

- 1 EL Weißweinessig
- 1 EL Balsamico-Essig
- 4 EL natives Olivenöl extra
- Saft von 1 Zitrone
- Salz und Pfeffer

So geht's

Den Couscous in eine große, hitzebeständige Schüssel geben, mit der Brühe übergießen und vermengen. Die Schüssel abdecken und den Couscous so lange quellen lassen, bis die Brühe aufgesogen ist.

Die Himbeeren verlesen und überreife Früchte aussortieren. Das Basilikum hacken.

Den Couscous in eine große Servierschüssel umfüllen und mit einer Gabel auflockern. Feta, Zucchini, Frühlingszwiebeln, Himbeeren, Pinienkerne, Basilikum und Zitronenschale zugeben und vermengen.

Die Dressingzutaten in ein Schraubglas geben und kräftig schütteln. Über den Salat gießen und sofort servieren.

Spargel mit Buttersauce

Gemüsegerichte

Zutaten für 4 Personen

- 800g grüner Spargel
- 1 EL natives Olivenöl extra
- Salz und Pfeffer

Sauce

- Saft von ½ Zitrone
- 2 EL Wasser
- 100g Butter, gewürfelt
- Salz und Pfeffer

So geht's

Den Backofen auf 200 °C vorheizen.

Die Spargelstangen nebeneinander auf ein mit Backpapier ausgelegtes Backblech legen. Mit dem Öl beträufeln und mit Salz und Pfeffer würzen. Etwa 10 Minuten im Ofen backen, bis die Spargelstangen gar, aber noch bissfest sind.

Für die Sauce Zitronensaft und Wasser in einen Topf gießen. Etwa 1 Minute erhitzen, dann nach und nach die Butter zugeben und so lange rühren, bis sie vollständig geschmolzen ist. Mit Salz und Pfeffer würzen und den Topf vom Herd nehmen. Den Spargel auf Teller verteilen, mit der Sauce beträufeln und servieren.

Avocado-Limetten-Salat

Gemüsegerichte

Zutaten für 4 Personen

- 60 g gemischte Salatblätter
- 60 g Rucola
- 4 Frühlingszwiebeln, fein gehackt
- 5 Tomaten, in Scheiben geschnitten
- 25 g Walnüsse, geröstet und gehackt
- 2 Avocados
- 1 EL Zitronensaft

Limettendressing

- 1 EL frischer Limettensaft
- 1 TL Dijon-Senf
- 1 EL Crème fraîche
- 1 EL frisch gehackte Petersilie oder Koriander
- 3 EL natives Olivenöl extra
- 1 Prise Zucker
- Salz und Pfeffer

So geht's

Die Salatblätter abspülen, abtropfen lassen und zerzupfen. In eine große Salatschüssel geben und Frühlingszwiebeln, Tomaten und Walnüsse darübergeben.

Die Avocados längs halbieren und den Stein entfernen. Das Fruchtfleisch in dünne Scheiben schneiden und sofort mit dem Zitronensaft beträufeln, damit es nicht braun anläuft. Auf dem Salat verteilen.

Für das Dressing alle Zutaten in ein Schraubglas geben und schütteln, bis sich alles gut verbunden hat. Das Dressing über den Salat träufeln und sofort servieren.

Griechischer Salat

Zutaten für 4 Personen

- 4 Tomaten, in Spalten geschnitten
- 1 Zwiebel, in Ringe geschnitten
- ½ Salatgurke, in Scheiben geschnitten
- 250 g Kalamata-Oliven, entkernt
- 200 g Feta, gewürfelt
- 2 EL frische Korianderblätter
- einige Zweige glatte Petersilie, zum Garnieren
- Pita-Brot, zum Servieren

Dressing

- 75 ml natives Olivenöl extra
- 2 EL Weißweinessig
- 1 EL Zitronensaft
- ½ TL Zucker
- 1 EL frisch gehackter Koriander
- Salz und Pfeffer

So geht's

Für das Dressing alle Zutaten in eine große Schüssel geben und gut vermischen.

Tomaten, Zwiebel, Gurke, Oliven, Käse und Koriander zum Dressing geben und alles gut vermengen. Auf vier kleine Salatschalen verteilen, mit Petersiliezweigen garnieren und mit Pita-Brot servieren.

Haloumi mit Kräuter-Couscous

Gemüsegerichte

Zutaten für 4 Personen

- 450 g Haloumi, in 5 mm dicke Scheiben geschnitten
- 4 EL Chiliöl

Kräuter-Couscous

- 250 g Instant-Couscous (ersatzweise Bulgur)
- 500 ml Gemüsebrühe
- 2 EL frisch gehackte Kräuter
- 2 TL Zitronensaft
- 1 EL Olivenöl

So geht's

Die Käsescheiben in eine Schüssel geben, Chiliöl darübergießen und gut vermengen, bis der Käse mit Öl überzogen ist.

Den Backofengrill vorheizen und den Grillrost mit Alufolie auslegen. Den Käse auf den Grillrost legen und von beiden Seiten 2 Minuten grillen, bis er goldbraun ist.

Währenddessen den Couscous in eine hitzebeständige Schüssel geben, die heiße Brühe darübergießen und verrühren. Die Schüssel abdecken und den Couscous 5 Minuten ziehen lassen.

Kräuter, Zitronensaft und Olivenöl unter den Couscous rühren. Den gegrillten Haloumi auf den Couscous geben und sofort servieren.

Mozzarella-Gnocchi

Gemüsegerichte

Zutaten für 2–4 Personen

- Butter, zum Einfetten
- 450 g frische Gnocchi
- 200 g Crème double
- 250 g Mozzarella, gerieben oder gehackt
- Salz und Pfeffer

So geht's

Den Backofengrill vorheizen und eine große Auflaufform einfetten.

Die Gnocchi in einem großen Topf mit kochendem Salzwasser 3 Minuten oder nach Packungsanleitung kochen. Abgießen, abtropfen lassen und in die vorbereitete Backform geben.

Die Crème double mit Salz und Pfeffer würzen, locker aufschlagen und über die Gnocchi verteilen. Mit dem Mozzarella bestreuen und einige Minuten gratinieren, bis der Auflauf goldbraun ist. Sofort servieren.

Warmer Tomatensalat

Gemüsegerichte

Zutaten für 6 Personen

- 700 g Cocktailtomaten
- 1 Knoblauchzehe, zerdrückt
- 2 EL Kapern, abgetropft und abgespült
- 1 TL Zucker
- 4 EL Olivenöl
- 2 EL frisch zerzupfte Basilikumblätter

So geht's

Den Backofen auf 200 °C vorheizen.

Tomaten, Knoblauch, Kapern und Zucker in eine Auflaufform geben und vorsichtig vermengen.

Mit Öl übergießen und nochmals vermengen.

10 Minuten backen, bis die Tomaten heiß sind.

Aus dem Ofen nehmen und in eine Servierschüssel füllen. Mit Basilikum bestreuen und sofort servieren.

Nudeln mit Chicorée & Nüssen

Gemüsegerichte

Zutaten für 4 Personen

- 3 EL natives Olivenöl extra
- 2 Knoblauchzehen, zerdrückt
- 3 Chicorée, Strunk entfernt und die Blätter in Scheiben geschnitten
- 1 EL flüssiger Honig
- 100 g Walnüsse
- Salz und Pfeffer
- 450 g Penne

So geht's

Das Öl in einer Pfanne erhitzen. Knoblauch und Chicorée zufügen und 3 Minuten andünsten, bis der Chicorée weich ist. Honig und Walnüsse zugeben und unter gelegentlichem Rühren 4–5 Minuten anbraten. Mit Salz und Pfeffer würzen.

In der Zwischenzeit leicht gesalzenes Wasser in einem großen Topf zum Kochen bringen und die Nudeln darin 8–10 Minuten garen, bis sie al dente sind. Abgießen und zur Chicoréemischung geben. Gut vermengen, auf Teller verteilen und servieren.

Nudeln mit Olivensauce

Gemüsegerichte

Zutaten für 2–4 Personen

- 350g frische, kurze Nudeln
- ½TL Salz
- 100ml Olivenöl
- ½TL frisch geriebene Muskatnuss
- ½TL schwarzer Pfeffer
- 1 Knoblauchzehe, zerdrückt
- 2EL Oliven-Tapenade
- 100g schwarze oder grüne Oliven, entsteint und in Scheiben geschnitten
- 1EL frisch gehackte Petersilie, zum Garnieren (nach Belieben)

So geht's

Die Nudeln in einem großen Topf mit kochendem Salzwasser 4 Minuten oder nach Packungsanleitung kochen, bis sie al dente sind.

Währenddessen Salz, Öl, Muskatnuss, Pfeffer, Knoblauch, Tapenade und Oliven in einen weiteren Topf geben und langsam unter Rühren erhitzen, jedoch nicht kochen. Den Topf abdecken und die Sauce 3–4 Minuten ruhen lassen.

Die Nudeln abgießen und zurück in den Topf geben. Die Olivensauce zufügen und vorsichtig vermengen. 1–2 Minuten sanft erhitzen und, falls verwendet, mit Petersilie bestreuen. Auf Tellern anrichten und sofort servieren.

Pflaumen in Gewürzwein

Desserts

Zutaten für 2–4 Personen

- 300 ml Rotwein
- 3 gehäufte EL brauner Zucker
- 1 Zimtstange, in kleine Stücke gebrochen
- 4 Kardamomkapseln, leicht zerdrückt
- 1 Msp. gemahlene Nelken
- 8 feste rote Pflaumen, halbiert
- 4 EL Crème fraîche, zum Servieren (nach Belieben)

So geht's

Rotwein, Zucker, Zimt, Kardamom und Nelken in einen Topf geben und unter Rühren langsam aufkochen, bis sich der Zucker aufgelöst hat.

Die Pflaumen zufügen und etwa 5 Minuten sanft köcheln lassen.

Vom Herd nehmen und vollständig abkühlen lassen. Pflaumen und Sud auf Dessertschalen verteilen. Nach Belieben mit etwas Crème fraîche servieren.

Karotten-Orangen-Salat

Gemüsegerichte

Zutaten für 4 Personen

- 450 g Karotten
- 1 EL Olivenöl
- 2 EL Zitronensaft
- 1 Prise Zucker
- 2 große Orangen, filetiert und Saft aufgefangen
- 50 g Rosinen
- 1 TL gemahlener Zimt
- 2 EL geröstete Pinienkerne

So geht's

Die Karotten in eine große Schüssel reiben.

In einer weiteren Schüssel Öl, Zitronensaft, Zucker und aufgefangenen Orangensaft verrühren.

Orangenfilets und Karotten mischen. Rosinen und Zimt zufügen und vorsichtig vermengen.

Kurz vor dem Servieren das Joghurtdressing über den Salat gießen und mit Pinienkernen bestreuen.

Desserts

Gegrillte Tropenfrüchte

Desserts

Zutaten für 4 Personen

- 100 g Butter
- 2 EL fein gehackter eingelegter Ingwer
- ½ TL gemahlener Zimt
- ½ TL geriebene Muskatnuss
- 2 TL Zitronensaft
- 2 TL Puderzucker
- 2 Bananen, halbiert
- ½ Ananas, in Spalten geschnitten
- 2 Papayas, in Scheiben geschnitten
- 1 Mango, in Scheiben geschnitten

So geht's

Den Backofen- oder Holzkohlegrill vorheizen. Butter, Gewürze, Zitronensaft und Puderzucker in einer großen Schüssel schaumig rühren.

Die Fruchtstücke in eine Schüssel geben und mit der Hälfte der Gewürzbutter vermengen.

Den Grillrost mit Alufolie auslegen und die Fruchtstücke darauf verteilen. 2–3 Minuten grillen, bis die Früchte zu karamellisieren beginnen.

Das Obst wenden und mit der restlichen Gewürzbutter bestreichen. Weitere 2–3 Minuten grillen und sofort servieren.

Obstspieße

Desserts

Zutaten für 4 Stück

- verschiedene Obstsorten nach Geschmack, z. B. Aprikosen, Pfirsiche, Feigen, Erdbeeren, Mangos, Ananas, Bananen, Datteln, gewürfelt
- Ahornsirup, zum Bestreichen
- 50 g Bitterschokolade (mindestens 70 % Kakaoanteil), in Stücke gebrochen

So geht's

Den Backofengrill vorheizen und ein Backblech mit Alufolie auslegen. Vier lange Holzspieße 20 Minuten in kaltem Wasser einweichen. Die Obststücke im Wechsel auf die Spieße stecken und mit etwas Ahornsirup bestreichen. Auf dem Blech auslegen.

Die Schokolade in eine hitzebeständige Schüssel geben und auf einen Topf mit köchelndem Wasser setzen. So lange unter Rühren erwärmen, bis die Schokolade geschmolzen ist.

Währenddessen das Backblech mit den Spießen 3 Minuten unter den Backofengrill stellen, bis der Sirup karamellisiert ist. Herausnehmen und mit der geschmolzenen Schokolade beträufeln. Warm servieren.

Karamellisierte Bananen

Desserts

Zutaten für 4 Personen

- 100 g Zucker
- 1 TL Vanillearoma
- fein abgeriebene Schale und Saft von 1 Orange
- 4 Bananen, in dicke Scheiben geschnitten
- 2 EL Butter
- Vanilleeis, zum Servieren

So geht's

Zucker, Vanillearoma und Orangensaft in eine Pfanne geben und unter Rühren sanft erhitzen, bis der Zucker karamellisiert ist.

Die Bananenscheiben zufügen und 1–2 Minuten erhitzen. Dabei die Pfanne schwenken, damit die Bananen gleichmäßig mit Karamell überzogen werden.

Die Butter in die Pfanne geben und weitere 3 Minuten garen, dabei die Pfanne weiterhin schwenken.

Die Bananen auf eine Servierplatte geben und mit Orangenschale bestreuen. Sofort mit Vanilleeis servieren.

Crème brûlée mit Beeren

Desserts

Zutaten für 2–4 Personen

- 450 g gemischte Beeren, z. B. Himbeeren, Erdbeeren, Johannisbeeren
- 300 g Schlagsahne extra (36 %)
- 100 g Zucker

So geht's

Den Backofengrill vorheizen. Die Beeren in eine große Auflaufform oder vier bis sechs kleine Ramequin-Förmchen füllen.

Die Sahne in einer großen Schüssel locker aufschlagen, aber nicht steif schlagen.

Auf den Beeren verteilen, sodass sie gut bedeckt sind.

Die Sahne mit dem Zucker bestreuen und die Form oder die Förmchen in den Ofen stellen; dabei darauf achten, dass sie etwa 5–7,5 cm Abstand zu den Grillstäben haben, damit nichts anbrennt. Etwa 3 Minuten grillen, bis der Zucker karamellisiert, aber nicht zu dunkel ist. Aus dem Ofen nehmen und sofort servieren.

Kirsch-Mascarpone-Creme

Zutaten für 4 Personen

- 450 g Sauerkirschen aus dem Glas
- 1 EL Rosenwasser
- 500 g Mascarpone
- geröstete Mandelblättchen oder gehackte Pistazien, zum Garnieren

So geht's

Die Kirschen abgießen und 2 Esslöffel Sirup oder Saft aufbewahren.

Das Rosenwasser unter den Sirup rühren und die Mischung dann unter die Kirschen heben.

Die Kirschen auf vier Dessertschalen verteilen und mit Mascarpone auffüllen. Mit Mandeln oder Pistazien bestreuen und bis zum Servieren kalt stellen.

Nektarinen-Knusperbecher

Desserts

Zutaten für 4 Personen

- 4 Nektarinen
- 200 g Knuspermüsli
- 300 g Naturjoghurt
- 2 EL Pfirsichkonfitüre
- 2 EL Pfirsichsaft

So geht's

Die Nektarinen mit einem scharfen Messer halbieren und entsteinen. Das Fruchtfleisch in mundgerechte Stücke schneiden und davon einige zum Garnieren beiseitelegen. Einige Nektarinenstücke in vier Gläser füllen, darauf etwas Knuspermüsli und einige Löffel Joghurt geben.

Die Pfirsichkonfitüre mit dem Saft verrühren und mit ein paar Nektarinenstücken in die Gläser geben. Dann wieder schichtweise Müsli und Joghurt hineingeben. Den Vorgang wiederholen, bis alle Zutaten aufgebraucht sind. Ganz oben mit etwas Müsli und den beiseitegelegten Fruchtstücken dekorieren.

Honig-Zabaglione

Desserts

Zutaten für 4–6 Personen

- 3 EL Weinbrand
- 3 EL Weißwein
- 600 g Schlagsahne extra (36 %)
- 6 EL klarer Honig
- 50 g Mandelblättchen

So geht's

Weinbrand und Weißwein in einer Schüssel mischen.

In einer weiteren Schüssel die Sahne fast steif schlagen.

Den Honig zugeben und gut verrühren.

Die Weinmischung in dünnem Strahl in die Honigsahne gießen und dabei ununterbrochen weiterschlagen, bis die gesamte Flüssigkeit aufgenommen ist und die Sahne schaumig locker ist.

Die Mischung auf vier bis sechs hohe Dessertgläser verteilen und 2–3 Stunden in den Kühlschrank stellen.

Kurz vor dem Servieren mit Mandeln bestreuen.

Mokkacreme

Desserts

Zutaten für 4–6 Personen

- 300 g Schlagsahne extra (36 %)
- 1 TL Vanillearoma
- 80 g frische Vollkorn-Semmelbrösel
- 80 g brauner Zucker
- 1 EL Instant-Kaffeepulver
- 2 EL Kakaopulver
- Schokoladenraspel, zum Garnieren (nach Belieben)

So geht's

Sahne und Vanillearoma in einer großen Schüssel fast steif schlagen.

Semmelbrösel, Zucker, Kaffee- und Kakaopulver in einer weiteren Schüssel vermengen und abwechselnd mit der geschlagenen Sahne in Dessertgläser schichten. Mit einer Schicht Sahne abschließen. Nach Belieben mit Schokoladenraspeln bestreuen.

Die Gläser abdecken und einige Stunden oder über Nacht in den Kühlschrank stellen.

Marshmallow-Mokka-Creme

Desserts

Zutaten für 2–4 Personen

- 12 Marshmallows
- 125 ml starker, schwarzer Kaffee
- 50 g Bitterschokolade, fein gehackt oder gerieben
- 300 g Schlagsahne extra (36 %)
- Schokoladenraspel, zum Garnieren

So geht's

Marshmallows, Kaffee und Schokolade in einen Topf geben. Vorsichtig erhitzen, bis die Schokolade geschmolzen ist. Den Topf vom Herd nehmen.

Die Sahne in einer großen Schüssel sehr steif schlagen. Die Schokoladenmischung vorsichtig unterheben.

Die Mokkacreme auf zwei bis vier Dessertschalen oder Tassen verteilen und mit den Schokoladenraspeln garnieren. Bis zum Servieren in den Kühlschrank stellen.

Eisbecher mit Banane

Desserts

Zutaten für 4 Personen

- 150 g Schlagsahne
- 4 Bananen
- 8–12 Kugeln Vanilleeis
- 100 g gehackte Mandeln oder Mandelstifte, geröstet
- fein geriebene Schokolade, zum Garnieren
- 4 Eiswaffeln, zum Servieren

Schokoladensauce

- 60 g Bitterschokolade, in kleine Stücke gebrochen
- 4 EL Maissirup
- 1 EL Butter
- 1 EL Weinbrand oder brauner Rum (nach Belieben)

So geht's

Für die Sauce Schokolade, Sirup und Butter in eine kleine, hitzebeständige Schüssel geben und auf einen Topf mit leicht köchelndem Wasser setzen. So lange rühren, bis Schokolade und Butter geschmolzen sind. Die Schüssel aus dem Wasserbad nehmen und, falls verwendet, den Weinbrand einrühren.

Die Sahne in einer Schüssel halb steif schlagen. Die Bananen schälen und in dicke Scheiben schneiden. Je eine Eiskugel in vier hohe Dessertbecher geben. Ein paar Bananenscheiben, etwas Schokoladensauce und einen Klacks Schlagsahne daraufgeben. Reichlich mit Mandeln bestreuen.

Die Zutaten weiter in dieser Reihenfolge in die Becher schichten und mit Schlagsahne abschließen. Mit Mandeln und geriebener Schokolade garnieren und mit den Eiswaffeln servieren.

Apfelscheiben in Ahornsirup

Desserts

Zutaten für 4 Personen

- 100 g Butter
- 4 feste Äpfel oder Birnen, in dicke Scheiben geschnitten
- 3 EL Ahornsirup
- 2 EL Weinbrand
- 4 EL Walnüsse

So geht's

Die Hälfte der Butter in einer Pfanne zerlassen und die Hälfte der Apfelscheiben zugeben.

Etwa 2 Minuten rundum anbräunen. Aus der Pfanne heben und beiseitestellen. Die restlichen Apfelscheiben in die Pfanne geben und anbraten.

Die restliche Butter, Ahornsirup, Weinbrand und Walnüsse in die Pfanne geben und kurz aufkochen. Sofort vom Herd nehmen.

Die warmen Apfelscheiben in Servierschalen anrichten und die Sauce darauf verteilen. Sofort servieren.

Jamaika-Creme

Desserts

Zutaten für 2 Personen

- 300 g Schlagsahne extra (36 %)
- 2 EL brauner Zucker
- 1 EL starker Kaffee oder Kaffeelikör
- 2 EL brauner Rum
- 2 reife Bananen
- schokolierte Kaffeebohnen, zum Garnieren

So geht's

Sahne, Zucker und Kaffee in eine große Schüssel geben und steif schlagen.

Unter Rühren nach und nach den Rum zugießen.

Die Bananen schälen, in Scheiben schneiden, dann vorsichtig unter die Mischung heben.

Die Creme in Dessertschalen oder -gläser füllen und mit schokolierten Kaffeebohnen garnieren. Bis zum Servieren in den Kühlschrank stellen.

Schokoladencreme

Desserts

Zutaten für 4–6 Personen

- 150 g Bitterschokolade (mindestens 60 % Kakaoanteil), in kleine Stücke gebrochen
- 400 g Crème double
- 1 TL Vanillearoma

So geht's

Die Schokolade in eine hitzebeständige Schüssel geben und auf einen Topf mit sanft köchelndem Wasser stellen. So lange rühren, bis die Schokolade geschmolzen ist. (Alternativ dazu die Schokolade in eine Glasschüssel geben und bei niedrigster Stufe in der Mikrowelle schmelzen.)

Die Schüssel aus dem Wasserbad oder der Mikrowelle nehmen und langsam Crème double und Vanillearoma unterheben. Gut verrühren, bis eine dicke, glatte Masse entsteht.

Die Schokoladencreme in vier bis sechs Kaffeetassen oder Dessertschalen füllen und bis zum Servieren in den Kühlschrank stellen.

Alaska-Eisbombe

Desserts

Zutaten für 4 Personen

- 4 EL Sultaninen oder Rosinen
- 3 EL dunkler Rum oder Ingwerwein
- 4 Scheiben Honigkuchen
- 4 große Kugeln Vanille- oder Malaga-Eiscreme
- 3 Eiweiß
- 150 g Zucker

So geht's

Den Backofen auf 230 °C vorheizen.

Sultaninen und Rum in einer kleinen Schüssel verrühren.

Die Kuchenscheiben mit großem Abstand auf ein Backblech setzen und je 1 Esslöffel Rumsultaninen darauf verteilen.

Je eine Kugel Eis in die Mitte der Kuchenscheiben legen und in den Gefrierschrank stellen.

Das Eiweiß in einer Schüssel steif schlagen, dann unter ständigem Rühren den Zucker zugeben, bis der Eischnee steif und glänzend ist.

Die Kuchenscheiben aus dem Gefrierschrank nehmen und vollständig mit Eischnee bestreichen.

Sofort in den Ofen schieben und 4–5 Minuten backen, bis der Eischnee leicht gebräunt ist. Sofort servieren.

Kalter Hund

Desserts

Zutaten für 6–8 Personen

- 225 g Bitterschokolade
- 225 g Butter
- 3 EL schwarzer Kaffee
- 50 g brauner Zucker
- einige Tropfen Vanillearoma
- 225 g Butterkekse, zerbröselt
- 80 g Rosinen
- 80 g Walnüsse, gehackt

So geht's

Eine kleine Kastenform mit Backpapier auslegen. Schokolade, Butter, Kaffee, Zucker und Vanillearoma in einen Topf geben und bei geringer Temperatur schmelzen.

Plätzchen, Rosinen und Walnüsse zugeben und gut vermengen.

Die Mischung in die Kastenform geben und glatt streichen.

Mindestens 1–2 Stunden in den Kühlschrank stellen, bis der Kuchen fest ist. Aus dem Kühlschrank nehmen und auf eine Servierplatte stürzen. In Scheiben schneiden und servieren.

Schokoladen-Zabaglione

Desserts

Zutaten für 4 Personen

- 4 Eigelb
- 4 EL feiner Zucker
- 50 g Bitterschokolade, fein gerieben
- 125 ml Marsala
- Kakao, zum Bestäuben
- Amaretti, zum Servieren (nach Belieben)

So geht's

Eigelb und Zucker in eine große, hitzebeständige Schüssel geben und mit einem elektrischen Handrührgerät schaumig rühren, bis die Masse blassgelb ist.

Schokoladenraspel und Marsala unter die Masse ziehen.

Die Schüssel auf einen Topf mit köchelndem Wasser setzen und die Masse mit dem Handrührgerät oder mit dem Schneebesen rühren, bis sie andickt. Die Zabaglione darf nicht zu heiß werden, sonst gerinnt sie.

Die heiße Zabaglione in vorgewärmte Dessertgläser oder Kaffeetassen füllen und mit Kakao bestäuben. Die Zabaglione möglichst sofort servieren, da sie warm am luftigsten ist. Nach Belieben Amaretti dazu reichen.

Register

leicht gemacht

In dieser Reihe erhältlich: